So gelingt's
Der Kita-Ratgeber

Bernadette Grießmair

Bildungsangebote gestalten mit dem Planungskreislauf

Kinder beobachten, Bildungsthemen erkennen, Angebote planen, Bildungsprozesse dokumentieren

Cornelsen

Impressum

Aus Gründen der besseren Lesbarkeit wird in diesem Buch vornehmlich die weibliche grammatische Form verwendet. Männliche Leser mögen dies bitte verzeihen und sich ebenfalls angesprochen fühlen.

Soweit in diesem Werk Personen fotografisch abgebildet sind und ihnen von der Redaktion fiktive Namen, Berufe, Dialoge und Ähnliches zugeordnet oder diese Personen in bestimmte Kontexte gesetzt werden, dienen diese Zuordnungen und Darstellungen ausschließlich der Veranschaulichung und dem besseren Verständnis des Inhalts.

Redaktion: Yvonne Wagner, Pöcking
Titelfotografie und Fotos im Innenteil: Bernadette Grießmair
Umschlaggestaltung: Corinna Babylon, Berlin
Layout und technische Umsetzung: LemmeDESIGN, Berlin

Die Webseiten Dritter, deren Internetadressen in diesem Lehrwerk angegeben sind, wurden vor Drucklegung sorgfältig geprüft. Der Verlag übernimmt keine Gewähr für die Aktualität und den Inhalt dieser Seiten oder solcher, die mit ihnen verlinkt sind.

www.cornelsen.de

1. Auflage, 1. Druck 2016

© 2016 Cornelsen Verlag GmbH, Berlin

Das Werk und seine Teile sind urheberrechtlich geschützt. Jede Nutzung in anderen als den gesetzlich zugelassenen Fällen bedarf deshalb der vorherigen schriftlichen Einwilligung des Verlags.

Hinweis zu den §§ 46, 52a UrhG: Weder das Werk noch seine Teile dürfen ohne eine solche Einwilligung eingescannt und in ein Netzwerk eingestellt oder sonst öffentlich zugänglich gemacht werden. Dies gilt auch für Intranets von Schulen und sonstigen Bildungseinrichtungen.

Druck: Firmengruppe APPL, aprinta Druck, Wemding

ISBN 978-3-3589-15013-7

Inhaltsverzeichnis

Vorausgeschickt 4

1 Theoretische Verankerung des Instruments 13
1.1 Beobachtung 14
1.2 Lerngeschichten und Lerndispositionen 23
1.3 Das Bildungsthema 32
1.4 Elemente im pädagogischen Planungsprozess 42

2 Die Umsetzung des Planungskreislaufes in die Praxis 51
2.1 Methodenpool des Planungskreislaufes 52
2.2 Das Arbeitsblatt 59
2.3 Die Durchführung eines Planungskreislaufes – Schritt für Schritt 61
2.4 Victorias Frage an die Welt – ein Praxisbeispiel 74
2.5 Stolpersteine 83

Anhang 85
Literatur 94
Linktipp, Autoreninfo, Danksagung 95

Alle Kopiervorlagen können Sie im Internet auf unserer Webseite www.cornelsen.de finden. Geben Sie hierfür die **ISBN-Nummer** Ihres Titels im **Suchfeld** ein und klicken Sie auf das im Fenster erscheinende Cover. Hier finden Sie im linken Navigationsbereich den Reiter **Download,** wo Sie die Materialien abrufen können.

Vorausgeschickt

Beobachtung ist der Dreh- und Angelpunkt jeder pädagogischen Arbeit. Durch die Beobachtung der Kinder und die darauffolgende Dokumentation der Bildungs- und Lernprozesse können pädagogische Fachkräfte die Sichtweisen des einzelnen Kindes, sein Befinden, Erleben und Verhalten besser verstehen. Dabei geht es vorrangig um Beachtung, um fachliches und persönliches Interesse am Kind selbst und daran, was und wie es etwas tut. Jedes Kind hat das Recht darauf, gesehen zu werden, daher kann Beobachten nicht eine besondere Maßnahme für vereinzelte Problemsituationen sein, sondern muss zum fixen, selbstverständlichen Bestandteil des pädagogischen Alltags werden.

Das Beobachtungsmodell des **Planungskreislaufes** wurde mit dem Ziel entwickelt, Beobachtung als Ausgangspunkt der **pädagogischen Planung** zu verankern. Ohne Folgen für die weitere pädagogische Begleitung des Kindes wird Beobachtung oft als isoliert und wenig sinnvoll wahrgenommen. Ihr Mehrwert entsteht erst, wenn sie, neben der für das Kind wahrgenommenen **Be-Achtung,** in einen professionellen pädagogischen Kontext gestellt wird und in konkreten Umsetzungsschritten ihren Niederschlag findet.

Der Planungskreislauf ist eine Abfolge von vier aufeinander aufbauenden Schritten:

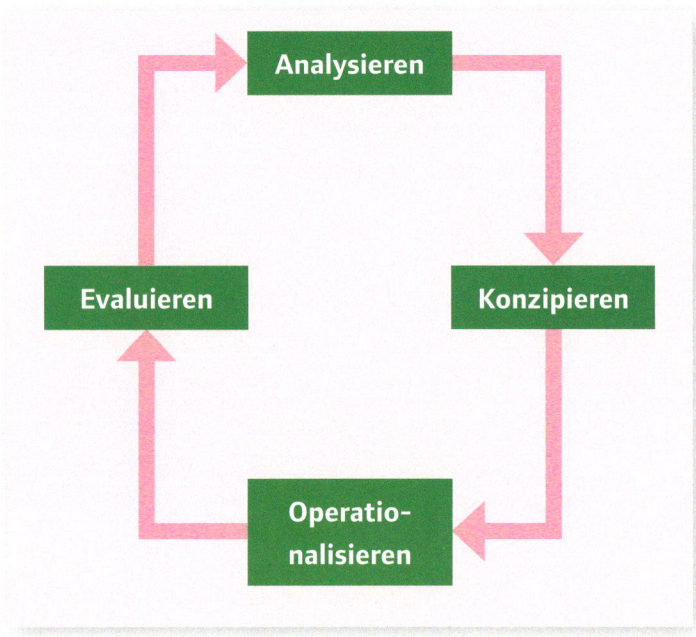

Schritt 1: Analysieren

Hier werden alle relevanten vorliegenden Daten und Informationen, die durch verschiedene Beobachtungsinstrumente im Vorfeld erhoben wurden, berücksichtigt. Das Verfahren sieht zwingend eine bestimmte Anzahl an Situationsbeobachtungen vor, die von mehreren Erzieherinnen unmittelbar vor der Erstellung des Planungskreislaufes durchgeführt werden. Zudem fassen die Erzieherinnen verschiedenste Informationen zum Kind in einer Mindmap zusammen. Auch Portfolioeinträge, Entwicklungserhebungen, Protokolle zum Austausch mit Eltern und sonstige Formen der Dokumentation von Bildungsprozessen fließen in die Analyse mit ein.

Vorausgeschickt

Aus der Fülle der Daten ermitteln die pädagogischen Fachkräfte die **vorrangigen Interessen des Kindes.** Sie gehen der Frage nach, wo und in welchen Situationen sich das Kind engagiert. Ein dritter Bereich widmet sich Vermutungen und Hypothese zum gezeigten **Verhalten des Kindes.** Durch **Impulsfragen** versuchen die pädagogischen Fachkräfte, einen „roten Faden" in den Lern- und Bildungsprozessen des Kindes auszumachen. Daraus formulieren sie ein **Bildungsthema** für das Kind. Diese erste Phase des Prozesses lebt vom Austausch unter den jeweiligen pädagogischen Fachkräften. Sie hat das Ziel, sich der Erfahrungswelt des Kindes, seiner Lernmotivation, seiner Frage an (seine) Welt anzunähern.

Schritt 2: Konzipieren

Im **zweiten Schritt** wird das festgelegte Bildungsthema mit den Rahmenrichtlinien (siehe unten) vernetzt. Bei dieser sogenannten **Konzipierung** wählen die Erzieherinnen eine Bildungsvision und ein Bildungsfeld aus, an welches sich weiterführende Umsetzungsschritte anlehnen. Das ausgewählte Bildungsziel ermöglicht außerdem in der Evaluationsphase eine (Selbst-) Überprüfung der geplanten und durchgeführten Interventionen der pädagogischen Fachkräfte.

Schritt 3: Operationalisieren und Intervenieren

In der nächsten Phase, der sogenannten **Operationalisierung,** formulieren die Erzieherinnen konkrete Umsetzungsschritte: Gemäß der Theorie Vygotskis zur „Zone der nächsten Entwicklung", entwickeln sie Maßnahmen, die das Kind in „seiner Frage an die Welt" weiterbringen, d. h. sein Bildungsthema nähren könnten (vgl. Oerter/Montada 2002, 230 ff.).

Die Umsetzung ist zweigeteilt: Auf der einen Seite werden Voraussetzungen für selbstorganisierte Lern-, Spiel- und Arbeitsaktivitäten geschaffen, auf der anderen Seite steht die pädagogische Fachkraft in ihrer Rolle als Impulsgeberin bei strukturierten, geplanten Angeboten. Die in einem **Brainstorming** gesammelten Ideen zu möglichen Maßnahmen werden im Team besprochen, auf ihre Umsetzbarkeit überprüft und eine Auswahl in die Verantwortung einzelner Erzieherinnen verteilt.

Schritt 4: Evaluieren

Die Erzieherinnen **reflektieren,** ob sie das Bildungsthema des Kindes richtig interpretiert haben, bzw. ob und wie die geplanten Maßnahmen vom Kind angenommen wurden. Zum Schluss notieren sie noch kurz, wo und in welcher Form Spiel-, Lern- und Arbeitsaktivitäten des Kindes dokumentiert wurden und damit für das Kind selbst, für andere Kinder oder für Eltern nachweisbar sind.

Durch den Planungskreislauf wird also ein **zirkulärer Prozess** angeregt, der in der Beobachtung seinen Anfang nimmt, über Vernetzung mit Bildungszielen in die Planung von Interventionen verläuft und eine Überprüfung durch die Evaluierungsphase erfährt.

Vorausgeschickt

Das Verfahren wurde von einer Arbeitsgruppe des Kindergartensprengels Mühlbach/Südtirol in Zusammenarbeit mit Frau Marlene Jaeger entwickelt. Es ist das Endresultat einer dreijährigen Auseinandersetzung mit dem Thema Beobachtung und Dokumentation von Bildungsprozessen bei Kindern. Die pädagogischen Fachkräfte und das damalige Führungsteam des Sprengels sahen es als notwendig, eine Vernetzung der konkreten Bildungsarbeit mit den Rahmenrichtlinien des Landes (Pendant zu den Bildungsplänen) anzustreben. Dies ist sicherlich eine Neuerung, welche den Planungskreislauf von anderen Instrumenten abgrenzt. Das Verfahren wurde in seinem Entwicklungsprozess stets von pädagogischen Fachkräften in Einrichtungen auf seine Praxistauglichkeit überprüft, überarbeitet und verfeinert. Seit 2015 steht die Autorin nun dem Kindergartensprengel Brixen/Südtirol als Direktorin vor und der Planungskreislauf wird von den pädagogischen Fachkräften als Instrument in den Kindergärten (31 Einrichtungen) umgesetzt.

In Interaktion mit anderen Kindern lernen

Die Rahmenrichtlinien des Kindergartens in Südtirol

„Die Rahmenrichtlinien bieten die Grundlage zur pädagogischen Ausrichtung der Kindergartensprengel und zur Erstellung der Konzeptionen des Kindergartens. Sie unterstützen in unseren Kindergärten die Sicherung und Weiterentwicklung der Bildungsqualität." (Deutsches Schulamt 2008, 4)

Die Rahmenrichtlinien sind das Pendant der Bildungspläne der deutschen Bundesländer. Sie wurden durch verschiedene Experten in Zusammenarbeit mit Prof. Wassilios Fthenakis und der Inspektorin Dr. Christa Messner erstellt. Mit dem Beschluss der Landesregierung vom 3. November 2008 bilden sie die Grundlage der Bildungsarbeit in Südtirol.

Neben den theoretischen Grundlagen als ersten Teil der Rahmenrichtlinien werden im zweiten Abschnitt Visionen, Bildungsfelder und Bildungsziele deklariert. Abgeschlossen wird die Unterlage mit dem Kapitel „Sicherung von Bildungsqualität".

Die Theorie widmet sich in erster Linie der Bildungsphilosophie: Dimensionen, wie Entwicklungsangemessenheit, Ko-Konstruktion oder Ganzheitlichkeit werden besondere Bedeutung beigemessen und dienen als Basis für das gesamte pädagogische Handeln. Ebenso das Kapitel zu Umgang mit individuellen Unterschieden und Inklusion.

Vorausgeschickt

2.2.3 Bildungsvision: kreative, fantasievolle und künstlerische Kinder

Bildungsvision und Bildungsfelder

Kreative, fantasievolle und künstlerische Kinder

Musik und Tanz

Ästhetik, Kunst und Kultur

2.2.3.1 Musik und Tanz

Die Begegnungen mit Musik und Tanz ermöglichen dem Kind in vielfältigen Erscheinungsformen einen besonderen Zugang zur Welt. Kinder haben ein spontanes Bedürfnis, sich musikalisch auszudrücken, und nutzen Musik und Tanz, um sich mitzuteilen. Eigene Gedanken und Gefühle können auf spielerische und freudvolle Weise ausgedrückt werden, emotionale Spannungen werden abgebaut. Musik hat einen wesentlichen Anteil an der Persönlichkeitsentwicklung des Kindes. Musik und Bewegung wirken sich auch positiv auf die sprachliche Entwicklung aus und beeinflussen das Körperbewusstsein. Im Experimentieren mit Stimme, Klängen und Materialien entdecken die Kinder die Welt der Musik und aktivieren besonders den Hörsinn. Die Vielfalt an Sinneswahrnehmungen fördert die Kreativität und eröffnet den Zugang zu unterschiedlichen Ausdrucksformen. Das Kind lernt musikalische Traditionen seines Kulturkreises kennen und kann sie weitergeben. Musik und Tanz leisten so einen Beitrag zur Pflege der eigenen Tradition, bieten ebenso Verständigungsmöglichkeiten über Sprachgrenzen hinweg und fördern somit die interkulturelle Begegnung und Verständigung.

▶ **Bildungsziele**

Musikalische Bildung ist ein elementarer Bestandteil des pädagogischen Alltags. In unterschiedlichen Aktivitäten wie Singen, Tanzen und Bewegen oder im Instrumentalspiel wird Musik als Quelle von Freude und Entspannung sowie als Anregung zur Kreativität erfahren. Zudem beinhaltet musikalische Bildung folgende Ziele:

- **Die Stärkung der Differenzierungsfähigkeiten in den Wahrnehmungsbereichen, besonders beim Hören**
  Das Kind hört aktiv zu und konzentriert sich auf musikalische Impulse. Es stärkt seine Differenzierungsfähigkeit in den verschiedenen Wahrnehmungsbereichen, besonders den Hörsinn. Es entwickelt seine Stimme, seine Haltung und seine Atmung beim Sprechen und Singen.
- **Das Erleben von Körper und Stimme als Klangkörper, die Erweiterung der Bewegungskoordination**
  Das Kind macht Erfahrungen mit Körper, Stimme und Klängen und erreicht eine Bewegungskoordination in der Grob- und Feinmotorik, die mit auditiven und visuellen Signalen und verschiedenen Materialien verbunden ist.
- **Das Ausdrücken von Gefühlen über Musik und Tanz**
  Das Kind lernt Musik und Tanz als Ausdrucksmöglichkeiten der eigenen Gefühle und Ideen und als Kommunikationsmöglichkeiten mit anderen kennen und nutzen.
- **Das Kennenlernen und Erfahren künstlerisch-ästhetischer Phänomene und Formen**
  Das Kind erfährt, erkennt und benennt künstlerisch-ästhetische Phänomene und Formen aus der Welt der Musik, wie Kontrast, Wiederholung, Reihung, Symmetrie.

Die Bildungsvision „Kreative, fantasievolle und künstlerische Kinder" mit dem Bildungsfeld Musik und Tanz und den entsprechenden Bildungszielen (aus: Beschluss der Südtiroler Landesregierung vom 3. November 2008, Nr. 3990, zitiert nach: Deutsches Schulamt 2008, 35)

Vorausgeschickt

Der **zweite Abschnitt** mit dem ausführlichen Kapitel zu den Bildungsfeldern gibt den Rahmen vor, wie Lernprozesse im Sinne der Bildungsphilosophie organisiert werden. Das Kapitel splittert sich in fünf Unterbereiche auf. Für jeden Teil bildet eine **Bildungsvision** das Fundament, auf welchem Bildungsfelder (Pendant Bildungsbereiche) die alltägliche Handlungsebene des Kindergartens erfahrbar machen. Bildungsziele zu jedem Bildungsfeld geben die Richtung für die konkrete Umsetzung in Bildungsaktivitäten für das Kind vor.

Für den **Planungskreislauf** ist vor allem dieser zweite Abschnitt wichtig. In der **Konzipierungsphase** wird das formulierte Bildungsthema mit dem Bildungsauftrag in Verbindung gebracht.(Näheres dazu finden Sie in Kapitel 1.4.)

Der dritte und letzte Teil der Rahmenrichtlinien gibt Aufschluss über die Gestaltung und Moderation von Bildungsprozessen. Er thematisiert Übergänge und Raumgestaltung, sowie den Bereich der Beteiligung und Kooperation. Für den Planungskreislauf ist dabei das Kapitel zur Beobachtung und Dokumentation von Bildungsprozessen ausschlaggebend. (Lesen Sie dazu „Beobachtungen" ab S. 14.)

Herausforderungen zuversichtlich begegnen

Vorausgeschickt

Was ist der „Mehrwert" des Planungskreislaufes?

Das Kind besser kennenlernen

Durch eine intensive Auseinandersetzung mit dem Kind, in Form von Beobachtungen, können Sie dessen Eigenarten, Interessen, Fähigkeiten und Entwicklungsschritte kennenlernen. Nur wer genau hinsieht, kann Veränderungen oder Entwicklungsschritte wahrnehmen und darauf reagieren. Um ein Kind bestmöglich zu begleiten, gibt es kein „Schema F". Die pädagogischen Ziele für den Jungen oder das Mädchen ergeben sich immer aus der Frage: „Was braucht dieses Kind?" Bei der Planung pädagogischer Interventionen ist es essentiell, dass diese den aktuellen Interessen und Bedürfnissen des Kindes angepasst werden.

Der Planungskreislauf zeichnet ein individuelles Bild des Kindes. Durch die intensive Auseinandersetzung mehrerer pädagogischer Fachkräfte mit dem Kind entsteht ein tragfähiges Bild seines aktuellen Bildungsbedürfnisses. Die geplanten Maßnahmen werden auf das Kind abgestimmt und die Ergebnisse hinsichtlich der Bedeutung für die Weiterentwicklung des Kindes evaluiert.

Beispiel:

Sabine und Karin sind beide vier Jahre alt und besuchen das zweite Jahr den Kindergarten. Sie sind seit den ersten Tagen miteinander befreundet und verbringen viel Zeit zusammen. In der Gruppe erscheinen sie oft als „eineiige Zwillinge". Bei der Erstellung des Planungskreislaufes wird aber ersichtlich, dass die beiden Mädchen keineswegs dasselbe Bildungsthema verfolgen. Sabine geht es vorrangig um die Frage „Wie kann ich andere Menschen beeinflussen?" Karin ist mehr um Abgrenzung bemüht. Durch das Benennen der Handlungsmotive der beiden Mädchen gelang es, ihr Beziehungsmuster besser zu erkennen. Die geplanten Maßnahmen wurden für jedes Kind einzeln abgestimmt und trugen in der Folge zu einer persönlichen Weiterentwicklung bei.

Beziehungen und Verhalten ändern sich

Erzieherinnen, die einen Planungskreislauf für ein Kind erstellt haben, berichten, dass sie durch die **verschiedenen Perspektiven** der Beobachterinnen und den darauffolgenden gemeinsamen Austausch über das Kind, dieses anders wahrgenommen haben. Durch die intensive Beschäftigung mit einem Kind hat sich das manchmal festgefahrene Bild verändert: Vor allem bei sogenannten Problemkindern fielen anfangs kaum wahrgenommene positive Eigenschaften vermehrt auf. Dadurch, dass sich mehrere pädagogische Fachkräfte mit dem Kind beschäftigten, auch solche, die noch wenige Erfahrungen mit ihm hatten, konnten wertvolle Informationen zu Stärken des Kindes gemacht werden und die Wahrnehmung der Verhaltensweisen des Kindes nachhaltig positiv beeinflussen.

Intensive Beobachtung verändert die Beziehung zwischen pädagogischen Fachkräften und Kindern. Die exklusive Auseinandersetzung mit **einem Kind** wird von diesem bemerkt und als wohlwollende Aufmerksamkeit interpretiert. Öfter angesprochen zu werden, gesehen zu werden, löst eine Beziehungs-, manchmal eine Verhaltensänderung aus.

Vorausgeschickt

Der Planungskreislauf bietet daher jedem Kind die Chance auf eine intensive Beschäftigung mit ihm. Durch gruppenübergreifende Zusammenarbeit zum Wohle der Mädchen und Jungen entsteht in der gesamten Einrichtung eine intensivere Begleitung **aller** Kinder. Erzieherinnen beschreiben, dass sie zu den Kindern eine bessere Beziehung aufbauen konnten – dies gilt auch für die Kinder anderer Gruppen.

Gemeinsames Wissen verbindet!

Beispiel:

Bei der Erstellung des Planungskreislaufes für einen sechsjährigen, als schüchtern wahrgenommenen Jungen, fiel den pädagogischen Fachkräften auf, dass dieser sehr gerne Aufträge von Erwachsenen übernahm. Es war beobachtet worden, dass er dabei sehr viel Freude und Engagement zeigte. Um seinen Selbstwert zu steigern, vereinbarten die pädagogischen Fachkräfte, ihm vermehrt kleinere Aufgaben zu übergeben. Alle Fachkräfte im Haus wussten von diesem Interventionsvorhaben und sollten sich aktiv beteiligen. Für den Jungen bot sich daher eine größere Anzahl an Situationen, in denen er die Möglichkeit hatte, etwas für die Erwachsenen zu erledigen. Sobald sich spontan eine Gelegenheit bot, wurde dem Jungen eine Aufgabe übergeben. Er überbrachte Nachrichten, räumte eigenständig Spielsachen auf, sorgte dafür, dass ausreichend Obst am Frühstückstisch war, hielt die Garderobe in Ordnung usw. Insgesamt wirkte der Junge zufriedener und selbstbewusster. Dies ging sogar soweit, dass der Junge nun von sich aus pädagogische Fachkräfte (auch anderer Gruppen!) ansprach, ob es für ihn etwas zu tun gäbe.

Theoretisches Wissen wird greifbarer

Theoretisches Wissen, das Sie sich in der Ausbildung oder in Fortbildungen aneignen, bleibt häufig isoliert, wenn Sie es nicht mit konkreten Erfahrungen oder Situationen im Kindergarten in Verbindung bringen. In **konkreten Beobachtungssituationen** können Sie das Kind als aktives, eigenständiges Wesen, das sich kreativ Wissen aneignet, erleben und diese Eindrücke mit Ihrem theoretischen Wissen über Entwicklungsprozesse in der frühen Kindheit verbinden.

Der Planungskreislauf strebt diese **Vernetzung von Theorie- und Praxiswissen** an. Vor allem in der Analysephase sollen konkrete Beobachtungen aus der Praxis mit theoretischen Konzepten (z. B. Lerndispositionen) vernetzt werden. Das formulierte Bildungsthema ist per se eine sehr abstrakte Beschreibung, findet aber seine Entsprechung in Verhaltensweisen des Kindes, die in der alltäglichen Begleitung beobachtbar werden.

Neugierig sein

Vorausgeschickt

Ein fundiertes Wissen über Entwicklungspsychologie ist u. a. Voraussetzung, um in der Operationalisierungsphase Interventionsmaßnahmen so zu planen, dass ein Kind weder unter- noch überfordert wird (z. B. durch Überprüfen der Entwicklungsangemessenheit). Weiterentwicklungsimpulse werden daher auf der Grundlage der beobachteten Kompetenzen der Jungen und Mädchen geplant und gegeben.

Beispiel:

Eine Erzieherin berichtet, dass sie durch die theoretische Auseinandersetzung mit den Verhaltensschemata von Kindern ein völlig anderes Bild von den Spielgewohnheiten der U3-Kinder bekommen hatte. Vorher charakterisierte sie sich selbst als genervt, wenn die Kinder sämtliche Spielutensilien des Rollenspielbereiches in andere Spielbereiche transportierten, was langwierige Aufräumphasen nach sich zog. Erst durch das Wissen um Verhaltensschemata konnte sie die Wichtigkeit des Rollenspiels für die Entwicklungsphase der Kinder einordnen. Sie beschrieb sich nun in solchen Situationen als viel gelassener. In ihrem Wertesystem konnte sie ihre Ordnungsliebe dem Autonomiestreben der Kinder unterordnen. Dies wirkte sich sogar soweit aus, dass sie ihnen unterschiedliche „Transportutensilien" zur Verfügung stellte, um ihr Spiel zu unterstützen.

Sich Ziele setzen und diese gemeinsam erreichen

Bildungsziele werden zu individuellen Lernzielen

Die Bildungsziele, formuliert in bestimmten Bildungsfeldern, geben eine Richtung für den Erwerb bestimmter Kompetenzen vor. Sie sind ausgerichtet auf den Erwerb von Fähigkeiten und Eigenschaft, die von der Gesellschaft als notwendig für die Weiterentwicklung des Kindes gesehen werden.

Das Instrument des Planungskreislaufs sieht die Reduzierung auf ein **Bildungsziel** vor, um aus der Fülle der Möglichkeiten einen **konkreten Ansatzpunkt für die Begleitung des Kindes** zu erhalten. Die Auswahl stützt sich auf das formulierte Bildungsthema, das unter Berücksichtigung des Interesses und der Engagiertheit, des Entwicklungsstandes, des Geschlechtes des Kindes konkretisiert wurde. Die Planung der weiteren Maßnahmen erfolgt in der Formulierung von individuellen Lernzielen für das Kind, die sich in erster Linie an obiges Bildungsziel anlehnen. Im Sinne der Ganzheitlichkeit lassen sich diese aber nie auf ein einziges Bildungsziel eingrenzen, sondern tangieren und beeinflussen immer auch andere.

Die Arbeit mit dem Planungskreislauf ist daher immer mit der Interpretation von Bildungszielen für das einzelne Kind hinsichtlich der Definierung eines individuellen Curriculums verbunden.

Beispiel:

In der Analysephase für einen vierjährigen Jungen nannten die Erzieherinnen sein Bildungsthema „Die Ordnung der Welt", basierend auf sein vorrangiges Interesse bzw. seine Engagiertheit. Sie ordneten es in der Konzipierungsphase dem Bildungsziel „Entdecken, Beschreiben und Herstellen von Mustern und Reihenfolgen" aus dem Bildungsfeld Mathematik zu. Bei der Formulierung von Maßnahmen in der Operationalisierungsphase fanden sie aber neben individuellen Lernzielen in diesem Feld vielfältige Anlässe, die den Bedürfnissen des Kindes nachkommen könnten, wie das Thematisieren von Gruppenregeln, Planen des Tagesablaufs oder Kreis- und Singspiele.

Fundierte Elterngespräche und intensive Elternzusammenarbeit

Eltern sind die ersten und wichtigsten Bezugspersonen des Kindes. Kontakt mit ihnen zu pflegen und sich regelmäßig auszutauschen ist daher Ihre unerlässliche Aufgabe, um das Kind bestmöglich zu begleiten. Durch den Einsatz des Planungskreislaufes und den Austausch über Beobachtungen des Kindes, geplante und umgesetzte Maßnahmen und deren Evaluierung, erfährt diese Arbeit eine zusätzliche Professionalisierung. Der positive, stärkenorientierte Blick auf das einzelne Kind und die Wahrnehmung seiner Persönlichkeit schaffen einen guten Nährboden für die weitere Zusammenarbeit. Nicht nur für Eltern sind Rückmeldungen über die Erfahrungen aus dem Planungskreislauf wertvoll, auch Sie als pädagogische Fachkräfte profitieren, wenn Eltern ihre Sichtweisen einbringen. Erfahrungswissen der Eltern und Ihr Fachwissen können sich zum Wohle des Kindes ergänzen (vgl. Deutsches Schulamt 2008, 57).

Beispiel:

Bei einem sechsjährigen Jungen fiel auf, dass er sich permanent mit der Frage nach den „eigenen Grenzen" beschäftigte. Da sich dies auch auf seine körperlichen Fähigkeiten bezog, unterbreitete das Erzieherinnenteam den Eltern den Vorschlag, ihren Sohn zu einem Kletterkurs anzumelden. Die Mutter berichtete im Nachhinein, dass der Junge dies sehr begeistert angenommen habe und die Kletterstunden mit großem Engagement wahrnimmt.

Lernen durch ausprobieren

1 Theoretische Verankerung des Instruments

Theoretische Verankerung des Instruments

1.1 Beobachtung

Unterscheidung zwischen Beobachtung und Wahrnehmung

Wahrnehmung ist der Prozess und das Ergebnis von Informationsgewinnung und Informationsverarbeitung von Reizen. Diese können von außen (Informationen aus der Umgebung, durch Mitmenschen, Objekte usw.) oder durch das Körperinnere (Schmerzen, Gefühle, etc.) an das Gehirn weitergeleitet werden.

Die große Zahl an einströmenden Reizen würde jeden Menschen überfordern. Daher haben wir ein individuelles Filtersystem, das aufgrund von Erfahrungen, Wertvorstellungen oder Erwartungen eine Bewertung und Auswahl trifft. Manche Sinneseindrücke gelangen nicht ins Verarbeitungszentrum unseres Gehirns, manche „drängeln" sich vor und gewinnen an Bedeutung. Das hat zur Folge, dass oft ein verzerrtes oder gar verfälschtes Bild der Wirklichkeit entsteht.

Die unterschiedlichsten Bedingungen bestimmen, welche Reize aufgenommen, wahrgenommen und interpretiert werden. Eine Einschränkung in den Sinnesorganen kann Unterschiede erklären, oder die Reize werden von einzelnen Individuen unterschiedlich interpretiert. Auch individuelle Faktoren (Bedürfnisse, Triebe, Gefühlen, Stimmungen, bisherige Erfahrungen, Einstellungen, Wertvorstellungen, Interessen, Fähigkeiten, Fertigkeiten, Intelligenz usw.) und soziale Gegebenheiten (Wert- und Normvorstellungen der Gesellschaft, Einstellungen, Vorurteile gegenüber einer bestimmten Gesellschaftsschicht, usw.) können die Wahrnehmung verzerren. Nicht zuletzt wird das vermeidliche Ergebnis der Wahrnehmung durch die Erwartungen des Individuums noch „schön"- gefärbt.

> **Wichtig:**
>
> Die **Wahrnehmung** vermittelt keine objektive Wirklichkeit, sondern eine **subjektive Welt.** Der Mensch nimmt das wahr, was seinen Bedürfnissen, Erfahrungen, Erwartungen entspricht und nicht die objektiv gegebenen Reize.

> **Übung im Team**
>
> *Legen Sie ein Foto eines Kindes in einer Spielsituation in die Mitte. Jede pädagogische Fachkraft notiert sich, was sie auf dem Bild sieht. Vergleichen Sie die Aufzeichnungen anhand folgender Reflexionsfragen:*
> - *Worin unterscheiden sich die Aufzeichnungen?*
> - *Was haben alle „gesehen"?*
> - *Gibt es Unterschiede zwischen pädagogischen Fachkräften, die das Kind schon länger begleiten und solchen, die es nicht so gut kennen?*
> - *Was ist niemandem bisher aufgefallen?*

Die Wahrnehmung bildet für jeden Menschen die Grundlage, sich die Welt zu erschließen. Um allerdings von Beobachtung zu sprechen, muss die Fülle der Eindrücke auf ein bestimmtes Ziel gelenkt werden. Die Beobachtung ist die zielgerichtete, aufmerksame Wahrnehmung: Die Aufmerksamkeit wird mit dem Ziel, qualitative Daten zu erlangen, auf Objekte, Phänomene oder Vorgänge gerichtet.

Beobachtung

Beobachtung im pädagogischen Kontext

Sinn und Zweck von Beobachtungen

In der aktuellen Bildungsdiskussion wird die Unverzichtbarkeit von regelmäßiger Beobachtung betont. Da Entwicklung und Bildung von Jungen und Mädchen ein individuelles Geschehen ist, muss sich pädagogisches Handeln auf aufmerksame Beobachtung des einzelnen Kindes stützen. Nur so können spezielle Interessen und Bedürfnisse, eigene Wege des Denkens und Lernens sowie individuelle Ausdrucksformen des Kindes erkannt werden und darauf aufbauend eine Reaktion der pädagogischen Fachkräfte hervorrufen.

Der Ansatz an sich scheint nichts Neues zu sein. Durch die Verankerung in den Rahmenrichtlinien erfährt er allerdings nochmals Nachdruck (vgl. ebd., 49).

Jeder Versuch bringt eine neue Lernerfahrung mit sich.

Theoretische Verankerung des Instruments

- **Die Sichtweise des Kindes, sein Befinden, Erleben und Verhalten, besser verstehen**

Systematische Beobachtungen in unterschiedlichen Situationen des Kindergartenalltags (Freispiel, pädagogische Interventionen, Projekte, Bring- und Abholzeit usw.) geben Aufschluss über die Persönlichkeit des Kindes, über sein Verhalten, wenn es alleine oder gemeinsam mit anderen Kindern in Aktion ist.

- **Einblick in den Verlauf und das Ergebnis von Entwicklungs- und Bildungsprozessen gewinnen**

Nur wenn Beobachtung systematisch und regelmäßig erfolgt, lassen sich stimmige Aussagen über den Verlauf der Entwicklung des Kindes und über seine Bildungsprozesse machen. Würde Beobachtung nur einmalig erfolgen, so könnte kein Kontextvergleich stattfinden und Kinder vorschnell mit bestimmten Attributen behaftet sein (z. B. ist schüchtern, ist impulsiv).

- **Pädagogische Angebote auf das einzelne Kind und dessen spezifische Voraussetzungen und Neigungen abstimmen**

Durch regelmäßige Beobachtung gelingt es besser, das Kind mit all seinen Facetten der Persönlichkeit kennenzulernen. Es lassen sich Aussagen treffen, was es gerne tut und wie es etwas tut. Pädagogische Interventionen lassen sich so gezielter auf das Kind abstimmen. Die Zone der nächsten Entwicklung kann eröffnet werden (vgl. Oerter/Montada 2002, 230ff.).

- **Die Wirkung pädagogischer Angebote systematisch reflektieren**

Nach erfolgten pädagogischen Interventionen können Sie durch regelmäßige Beobachtungen Zielsetzungen evaluieren. Durch die individuelle Planung für das einzelne Kind, basierend auf der Beobachtung seines Entwicklungsstandes und seiner Bildungsprozesse, kann ein Vorher-Nachher-Vergleich stattfinden, der wertvolle Informationen über das Kind, aber auch über die Wirksamkeit der pädagogischen Fachkräfte liefert.

- **Mit den Kindern in einen Dialog über ihre Entwicklungs- und Lernprozesse eintreten und sie auf dem Weg zum eigenständigen, selbst gelenkten Lernen unterstützen**

Die Hinwendung zu jedem einzelnen Kind, das Bemühen es durch die Beobachtung besser zu verstehen, wird von ihm als Wertschätzung wahrgenommen. Ihr gemeinsamer Austausch über gemachte Beobachtungen und der Abgleich Ihrer jeweiligen Ansichten mit jenen des Kindes eröffnen den Mädchen und Jungen eine noch höhere Beziehungsdimension. Rückmeldungen zu Stärken und Kompetenzen und deren gezielter Einsatz zur eigenen Weiterentwicklung oder zum Wohle der Gemeinschaft motivieren das Kind, sein Potential zu nutzen. Durch den Dialog mit Erwachsenen kann es mit zunehmendem Alter auch die Fähigkeit erwerben, sich sein eigenes Denken bewusst zu machen, und dadurch sein eigenes Lernverhalten zu beobachten und zu steuern.

Beobachtung

◎ Sich mit Kolleginnen und Kollegen über die Entwicklung und das Lernen von Kindern austauschen, die Beobachtungen reflektieren und bei der Begleitung der Kinder kooperieren

Systematische Beobachtung muss vom gesamten Team getragen und praktiziert werden und trägt zur eigenen Professionalisierung bei. Der kollegiale Austausch bietet jeder einzelnen Erzieherin die Chance, durch den Dialog auch an eigenem Wissen und Können dazuzugewinnen. Für das Kind kann eine Vielfalt an Perspektiven bereichernd sein, denn in mögliche Beobachtungsfallen stolpern sicherlich nicht alle Teammitglieder gleichzeitig. Auch bei der Planung und Durchführung von pädagogischen Interventionen kann das Kind von den Stärken und Kompetenzen unterschiedlicher Personen profitieren.

◎ Auf der Basis der Dokumentation von Entwicklungs- und Lernprozessen mit den Eltern ins Gespräch kommen und im Sinne der Bildungspartnerschaft zusammenarbeiten

Die Dokumentation der Entwicklungs- und Lernprozesse des Kindes, z. B. in Form eines Portfolios, ist in erster Linie als Wertschätzung dem Kind gegenüber zu verstehen und wird von diesem auch als solche wahrgenommen. Sie fungiert als Brücke zwischen Ihnen und den Eltern. Regelmäßige Beobachtungen bieten eine gute Basis, um Eltern Einblicke in das Befinden, Verhalten und die Interessen des Kindes zu gewähren. Erfahrungswissen der Eltern und Ihr Fachwissen ergänzen sich dabei. Gemeinsam können Sie Lösungen für besondere individuelle Situationen suchen. Ebenso sind Eltern eingeladen, ihre Kompetenzen ergänzend zur Weiterentwicklung der Bildung des Kindes einzusetzen.

◎ Qualität und Professionalität pädagogischer Arbeit darstellen und sichtbar machen

Die Qualität einer Einrichtung lässt sich nicht zuletzt an ihrem Beobachtungskonzept messen. Systematische Beobachtung, festgelegt in der Konzeption des Kindergartens, ist ein Garant dafür, dass jedes Kind gesehen wird. Die Umsetzung des Konzeptes ist aber insgesamt an eine Veränderung in der Begleitung der Kinder geknüpft. Zielsetzung und Ergebnisse dieses Prozesses müssen Außenstehenden (z. B. Eltern) transparent gemacht werden, damit keine Missverständnisse entstehen (z. B. „Die pädagogische Fachkraft spielt nicht mehr mit den Kindern, sondern schreibt nur noch."). Erzieherinnen müssen den Mehrwert einer systematischen Begleitung für das einzelne Kind deutlich sichtbar machen und durch Dokumentationen belegen (z. B. das Entdecken unbeachteter Fähigkeiten eines Kindes, Elterngespräche werden konstruktiver, Erzieherinnen lernen das Kind besser kennen, Kinder interessieren sich selbst für ihre Lernprozesse).

Theoretische Verankerung des Instruments

- **Mit Fachdiensten, Kindertagesstätten und Schulen zusammenarbeiten**

Eine fundierte Dokumentation der Entwicklungs- und Lernprozesse des Kindes auf der Basis systematischer Beobachtungen erlaubt, sich mit anderen Institutionen über gemachte Beobachtungen und demzufolge ein umfassenderes Bild des Kindes auszutauschen. Zudem können bei Bedarf Fördermaßnahmen gezielter abgestimmt und in der Folge überprüft werden. Mündlich weitergegebene Beobachtungen erleichtern so Kindern den Übergang vom Kindergarten in die Schule.

Art und Weise der Beobachtung

Trotz des Bemühens um größtmögliche Objektivität ist jede Beobachtung von der Person des Beobachters, vom Zeitpunkt der Beobachtung, den Rahmenbedingungen und vielem mehr geprägt. Das Ergebnis der Beobachtung ist nie ein Abbild der Realität. In dokumentierten Beobachtungen sind daher immer drei Ebenen der Beschreibung zu unterscheiden (vgl. Haug 2005, 20):

- Sachliche Darstellung: Was ist tatsächlich zu sehen?
- Z. B.: „Drei Kinder; das Kind in der Mitte bewegt die Hand zum linken Kind hin …"
- Interpretation/Deutung: Was glaube ich, passiert?
- Z. B.: „Das mittlere Kind will das andere schlagen …"
- Emotionale Übertragung: Welches Gefühl habe ich dabei?
- Z. B.: „Das mittlere Kind empfinde ich als aggressiv …"

In andere Rollen schlüpfen übt das Ich-Bewusstsein.

Beobachtung

Die Bedingungen unter denen Beobachtungen erfolgen, müssen dem Beobachter bewusst sein. Zudem sind immer der Rahmen und das Ziel zu definieren, in dem die Beobachtungen stattfinden, um Beobachtungs- und Beurteilungsfehler einzugrenzen bzw. zu vermeiden – ganz ausgeschlossen sind sie nie. Zunehmende Erfahrung, individuelle Reflexion des beobachteten und gedeuteten Verhaltens sowie Vergleiche mit den Beobachtungen der Teamkolleginnen können die Objektivität erhöhen.

Beobachtungsformen

Beobachtungsformen lassen sich in verschiedene Kategorien einteilen. Im Folgenden sind diese Kategorien der Situationsbeobachtungen im Planungskreislauf zugeordnet, die methodische Vielfalt angestrebt.

Anlass: Gelegenheitsbeobachtung oder systematische Beobachtung?

Bei der Kategorie des Anlasses wird zwischen Gelegenheitsbeobachtung und systematischer Beobachtung unterschieden. Eine Gelegenheitsbeobachtung ist eine eher zufällige Wahrnehmung, ohne Plan und Absicht, die sich auf das gesamte Geschehen richtet, wie z. B. eine Gruppe von *Menschen* an der Bushaltestelle. Sie erfolgt ohne exakte Festlegung, was, wie und womit beobachtet wird. Der Anlass für diese, auch als Alltagsbeobachtung bezeichnete Form, liegt im Beobachtungsmoment und ist somit spontan und unsystematisch. Dies hat zur Folge, dass es auch keine Vorüberlegungen zum Untersuchungsinhalt gibt und ihr keine Kodierung zugrunde liegt.

Die systematische Beobachtung hingegen ist eine geplante, gezielte und kontrollierte Wahrnehmung eines konkret festgelegten Teilbereiches der Wirklichkeit. Ziel ist ein möglichst genaues Erfassen und Festhalten. Was, wie und womit beobachtet wird, ist klar festgelegt.

Bei der systematischen Beobachtung begibt sich der Beobachter gezielt in die jeweils für ihn interessante Situation. Daraufhin folgt eine gezielte Beobachtung des Verhaltens des Kindes mit einer angemessenen Dokumentation. Bedeutsam ist vor allem, dass bereits vor der eigentlichen Beobachtung festgelegt wird, was untersucht werden soll, das heißt, was im Hinblick auf die spätere Weiterverarbeitung der Informationen wichtig sein könnte. Ob alle oder nur bestimmte Verhaltensweisen erhoben werden sollen, kann durch das Erhebungsverfahren bestimmt werden.

Planungskreislauf konkret:

Bei den Situationsbeobachtungen im Planungskreislauf handelt es sich um systematische Beobachtungen der Bildungsprozesse des einzelnen Kindes im Alltag im Kindergarten, z. B. im Freispiel, bei pädagogischen Interventionen und Projekten, bei Spielsituationen in der Gruppe oder alleine. Die anschließende Dokumentation erfolgt anhand eines Beobachtungsprotokolls, dessen Informationen in der Analysephase weiterverarbeitet werden. Die Beobachtungszeit ist klar mit einer Zeitspanne von 5-15 Minuten eingegrenzt, jedes Kind wird drei- bis fünfmal von jeweils anderen Fachkräften beobachtet. Die Aufzeichnungen sollen Aufschluss über seine Interessen, Fähigkeiten, Besonderheiten und seine Entwicklung erlauben und münden in der Formulierung eines Bildungsthemas.

Theoretische Verankerung des Instruments

◎ **Distanz: teilnehmende oder nicht-teilnehmende Beobachtung?**

Hinsichtlich der Distanz des Beobachters zum Beobachteten wird zwischen teilnehmender und nicht-teilnehmender Beobachtung unterschieden. Bei der teilnehmenden Beobachtung ist die Erzieherin aktiv im Geschehen mit den Kindern und beobachtet gleichzeitig ein mit ihr agierendes Kind. Dies ist zum Beispiel der Fall, wenn Sie mit dem Kind Ball spielen und dabei seine Auge-Hand-Koordination beobachten. Diese Doppelrolle zu erfüllen ist sehr schwierig und die Dokumentation kann erst im Nachhinein erfolgen.

Bei der nicht-teilnehmenden Beobachtung ist die Erzieherin hingegen nicht direkt miteingebunden. Für eine begrenzte Zeit greift sie nicht in das Geschehen ein (Notfälle ausgeschlossen!), kann sich also besser auf das zu beobachtende Kind konzentrieren und das Geschehen gleichzeitig dokumentieren.

> **Planungskreislauf konkret:**
>
> Die Situationsbeschreibungen im Planungskreislauf erfolgen grundsätzlich in nicht-teilnehmender Form. (Sollte die pädagogische Fachkraft jedoch vom Kind angesprochen werden, ist der Dialog zu protokollieren, da er wertvolle Informationen zum Bildungsgeschehen des Kindes enthalten kann.)

◎ **Offenheit: offene oder verdeckte Beobachtung?**

Eine nicht-teilnehmende Beobachtung kann offen oder verdeckt, sprich „unsichtbar" erfolgen.

Bei einer verdeckten Beobachtung wird der Beobachtete nicht davon in Kenntnis gesetzt, dass er beobachtet wird. Dies kann durch eine Einwegscheibe erfolgen oder z. B. durch Überwachungskameras im öffentlichen Raum. Die ethisch-moralische Tragbarkeit ist hier immer zu klären.

Eine offene Beobachtung liegt vor, wenn das Kind darüber informiert ist, dass es beobachtet wird. Die Erzieherin ist im Raum anwesend und notiert ihre Aufzeichnungen für das Kind sichtbar. Manchmal werden Bedenken geäußert, dass die Anwesenheit der Beobachterin Auswirkungen auf das Verhalten des Kindes haben könnte. Diese lassen sich zerstreuen, sobald die Kinder Beobachtung nicht mehr als Besonderheit, sprich Ausnahmesituation, sondern als alltägliche Routine wahrnehmen.

> **Planungskreislauf konkret:**
>
> Die Situationsbeobachtung im Planungskreislauf erfolgt in offener Form. Die Kinder sind sich bewusst, dass sie beobachtet werden. Sind die Kinder schon gewöhnt, dass sie beobachtet werden, überwinden sie anfängliche Unsicherheiten (z. B. Übertreibungen bestimmter Verhaltensweisen) und zeigen ihr übliches Verhaltensmuster.

Beobachtung

STRUKTUR: unstrukturierte oder strukturierte Beobachtung?

Die unstrukturierte bzw. freie Beobachtung erfolgt ohne Kodierschema, also immer bei einer Gelegenheitsbeobachtung. Bei der systematischen Beobachtung kann man allerdings ebenso frei beobachten, sofern der Beobachtung eine Vorüberlegung zugrunde liegt, sie jedoch ohne starres Festhalten an einem Kodierschema (= allgemeine Beschreibung) erfolgt. Strukturierte Beobachtungen halten sich dagegen stark an ein vorher festgelegtes Kodierschema (z. B. die Art der Protokollierungsform im Entwicklungsraster).

Freie, unstrukturierte Beobachtung nennt man auch Beobachtung mit ungerichteter Aufmerksamkeit. Dem gegenüber steht die Beobachtung mit gerichteter Aufmerksamkeit. Untenstehende Gegenüberstellung macht die Unterschiede deutlich.

Beobachtung mit gerichteter Aufmerksamkeit:	Beobachtung mit ungerichteter Aufmerksamkeit:
- in Form von Fragebögen oder Einschätzungsskalen - Einschätzen von Verhaltensweisen des Kindes - Fragen: Inwieweit entspricht das beobachtete Kind bzw. sein Verhalten dem sog. „Modellkind"? - das „Modellkind" ist wissenschaftlich konstruiert - aus einem eher theoretischen Blickwinkel - Gefahr: Ein wissenschaftliches Modell verkürzt die Sicht auf die Kinder. - stützt sich auf vorgefertigte, bekannte Theorien - Metapher: Ich gehe mit einem Korb in den Wald und suche nach Steinpilzen. Finde ich welche, ja oder nein?	- notwendig für das Erfassen von kindlichen Bildungsprozessen - Der Beobachter möchte nichts Bestimmtes wissen, sondern lässt sich auf direkte oder indirekte Erlebnisse und Gedanken des Kindes ein. - Der Beobachter ist offen für Überraschungen. - Der Beobachter sucht nach den Besonderheiten individueller Kinder. - kein Ergebnis vorgefertigter Instrumentarien, Einschätzskalen oder Tests - Durch Nachdenken kann aus einem wahrnehmenden ein entdeckendes Beobachten werden. - Metapher: Ich gehe mit einem Korb in den Wald. Ich kann mit Steinen, Stöcken, Tannennadeln, Pilzen usw. zurückkehren.

Theoretische Verankerung des Instruments

Planungskreislauf konkret:

Zielsetzung der Situationsbeobachtung im Planungskreislauf ist ein möglichst großes Spektrum an Eindrücken. Dabei geht es vorrangig um qualitative Informationen hinsichtlich der Stärken und Kompetenzen des Kindes. Um der Individualität Rechnung zu tragen, erfolgt eine freie Beobachtung des Geschehens. Anhand des Verlaufsprotokolls der beobachteten Situation ziehen die Erzieherinnen im gemeinsamen Austausch Schlüsse zu möglichen Bildungsthemen.

Wichtig:

Situationsbeobachtung im Planungskreislauf erfolgt systematisch, nicht-teilnehmend, offen und unstrukturiert.

FOKUS der Beobachtung

Mithilfe der Situationsbeobachtungen folgt der Planungskreislauf dem Ansatz eines ressourcenorientierten Beobachtens. Dieser steht im engen Zusammenhang mit der modernen Sichtweise der Kompetenzpädagogik und Aspekten der Resilienzforschung. Die Haltung der pädagogischen Fachkraft als Schatzsucher(in) ist dabei zentral.

Um dem Bildungsthema des Kindes auf die Spur zu kommen, achtet sie auch besonders auf gezeigte Lerndispositionen des Kindes. Zentral geht es darum, dem Bildungsprozess des Jungen oder Mädchens, also den individuellen Prozess der Wissensaneignung und seiner individuellen Strategien auf die Spur zu kommen.

Beim Zeichnen setzt sich ein Kind intensiv mit Dingen seiner Umwelt auseinander.

1.2 Lerngeschichten und Lerndispositionen

Die Neuseeländerin Margret Carr entwickelte in den 1990er Jahren den Ansatz der „Learning stories", die den individuellen Lernprozess der Kinder in den Mittelpunkt stellen. Durch das Verfahren gelingt es, Lernprozesse der Kinder zu beobachten, zu beschreiben, zu interpretieren, gemeinsam im Team darüber zu diskutieren und weiterführende Schritte zu planen. In Form von Bildungs- und Lerngeschichten werden Lernerfolge und Prozesse im Zusammenhang mit der jeweiligen Situation und dem sozialen Kontext dokumentiert. Carr war der positive Blick auf das Kind und dessen Ressourcen wichtig. Sie verwies auf die Einzigartigkeit kindlicher Lern- und Entwicklungsprozesse und betonte die Stärken und Interessen des Kindes auch als Ausgangspunkt, um eventuellen Schwächen und Defiziten entgegenzuwirken. (Prinzip: „Stärken stärken, Schwächen schwächen".)

Bildungs- und Lerngeschichten unterstützen pädagogische Fachkräfte darin:
- Interessen des Kindes wahrzunehmen, zu erkennen und selbst zu erforschen,
- zu erkennen, welchen Fragen das Kind nachgeht,
- zu verstehen, was das Kind erreichen will,
- Fähigkeiten und Kompetenzen des Kindes zu erkennen und Situationen zu eruieren, wo der Junge oder das Mädchen diese einbringt.

Im Spiel üben Kinder das echte Leben.

Von besonderer Bedeutung bei der Beobachtung und Dokumentation von Lern- und Bildungsprozessen mithilfe der Lerngeschichten waren für Margret Carr die Lerndispositionen. Leu et al. fassen zusammen: *„Carr definiert Lerndispositionen als Fundus oder Repertoire an Lernstrategien und Motivation, mit dessen Hilfe ein lernender Mensch*
- *Lerngelegenheiten wahrnimmt,*
- *sie erkennt,*
- *auswählt,*
- *beantwortet oder herstellt*
- *und den er aufgrund seiner Lernbemühungen fortwährend erweitert.*

Theoretische Verankerung des Instruments

In den Lerndispositionen kommt, nach Margaret Carr, die Motivation und die Fähigkeit zum Ausdruck, sich mit neuen Anforderungen und Situationen auseinanderzusetzen und sie mitzugestalten. Lerndispositionen sind demzufolge grundlegende Voraussetzungen für Lern- und Bildungsprozesse und bilden ein Fundament für lebenslanges Lernen." (Leu et al. 2012, 49)

Margret Carr geht in ihrem Ansatz von fünf Lerndispositionen aus (vgl. Leu et al. 2012, S. 49 f.):

- *Interessiert sein*
- *engagiert sein*
- *Standhalten bei Herausforderungen und Schwierigkeiten*
- *sich ausdrücken und mitteilen*
- *an der Lerngemeinschaft mitwirken und Verantwortung übernehmen*

Die Lerndispositionen setzt Carr in Verbindung zu den fünf Strängen des neuseeländischen Curriculum „Te Whāriki": Zugehörigkeit, Wohlbefinden, Exploration, Kommunikation und Partizipation (vgl. Ministry of education 1996, zitiert nach Leu et al. 2012, 48). Jeweils eine dieser Dimensionen steht im direkten Zusammenhang mit einer Lerndisposition:

- Zugehörigkeit → interessiert sein
- Wohlbefinden → engagiert sein
- Exploration → standhalten bei Herausforderungen
- Kommunikation → sich ausdrücken und mitteilen
- Partizipation → an einer Lerngemeinschaft mitwirken und Verantwortung übernehmen

Die fünf Stränge des „Te Whāriki" lassen sich als „Motivatoren" aller Lernbestrebungen des Kindes bezeichnen. Sie sind aber meist nicht direkt wahrnehmbar. Laut Carr kann man unmittelbar über die Beobachtung der Lerndispositionen auf die fünf oben erwähnten Dimensionen schließen. Die Wissenschaftlerin hat zu den einzelnen Lerndispositionen konkrete Beobachtungshinweise formuliert (vgl. Leu et al. 2012, 50 f.):

Eigene Erfolge machen stolz.

Lerngeschichten und Lerndispositionen

🌀 Interessiert sein

Eine Situation rückt ins Interesse des Kindes, wenn es sie als anregend und spannend erlebt. Ein reichhaltiges Lernumfeld ist daher eine gute Voraussetzung, damit sich ein Kind Dingen oder Person aufmerksam zuwendet und beginnt, sich mit ihnen auseinanderzusetzen. In diesem Prozess kann das Kind Kenntnisse und Fähigkeiten erwerben.

Wenn das Kind ein Angebot wahrnimmt, ist immer ein differenziertes Hinschauen notwendig um das wirkliche Interesse namhaft zu machen.

> **Beispiel:**
>
> *Carla kommt ins Atelier und nimmt sich aus einer Mappe mit Kopiervorlagen ein Mandala heraus. Sie nimmt die Filzstifte und setzt sich an den Tisch zu Barbara und Mia und beginnt das Bild auszumalen.*
>
> *→ Carla kann sich nun für **Mandalas** interessieren, weil sie das ruhige, konzentrierte Arbeiten, die Symmetrie, als anregend empfindet.*
>
> *→ Carla kann sich für Pferde interessieren. Sie hat sich die Vorlage gewählt, weil diese als Einzige das Tier abbildet.*
>
> *→ Carla kann sich für das **Arbeiten mit den Filzstiften** interessieren, da diese beispielsweise erst neu angekauft wurden und sie noch keine Erfahrungen mit der Handhabung gemacht hat.*
>
> *→ Carla interessiert sich für ihre beiden **Freundinnen**, das **gemeinsame Arbeiten**, den **gemeinsamen Austausch**. Die Vorlage und Stifte hat sie nur gewählt, weil die beiden anderen Mädchen ebenfalls am Tisch malen.*

> **Wichtig:**
>
> Wird bei einem Kind kein Interesse wahrgenommen (es wirkt „lustlos", fängt von sich nichts an, betont verbal „interessiert mich nicht …"), ist nochmals zu hinterfragen, ob das Kind in der Gruppe **emotional** angekommen ist, bzw. sich zugehörig fühlt. Besonders in der Phase des Einlebens im Kindergarten sind manche Kinder so sehr damit beschäftigt, ihren Platz in der Gruppe zu finden, sich emotional zu stabilisieren, dass sie für sonstige Tätigkeiten kein Interesse zeigen – ihnen stehen dazu keine Ressourcen mehr zur Verfügung.

Engagiert sein

Ein Kind zeigt sich engagiert, wenn es motiviert und fähig ist, sich vollkommen in etwas zu vertiefen. Bei diesem Einlassen auf eine Sache, spielt der Zeitfaktor eine wesentliche Rolle: Nur wenn in einer bestimmten Situation die Möglichkeit besteht, sich über einen längeren Zeitraum mit einer Sache oder einer Person ohne Unterbrechung zu beschäftigten, kann es zu einer Vertiefung des Interesses kommen. Engagiert sein mündet in einem gewissen Maß in Identifikation, denn das Kind nimmt das Thema als Teil seiner eigenen Person wahr. Im Sinne des *Flow-Effekts* von Czikszentmihalyi halten sich in diesem Moment Herausforderung und Kompetenz die Waage (vgl. Csikszentmihalyi 2002, 106 ff.).

Beispiel:

Über Nacht hat es geschneit. Fabian kommt in den Kindergarten und erzählt, dass er am Morgen den Räumdiensten bei der Arbeit zugeschaut hat. Im Baubereich nimmt er den Frontlader und spielt die beobachtete Szene nach. Auf dem Bauteppich entstehen Bauwerke (Häuser, Vorgärten, Gehsteige, Kirche), die seine heimatliche Straße symbolisieren. Fabian hat gut aufgepasst, wie die Erwachsenen den Schnee aus seiner Straße geräumt haben. In einem regen Spiel mit wechselnden Mitspielern übergibt Fabian ihnen bestimmte Rollen im „Räumkommando". Er „koordiniert" die Räumfahrzeuge, sorgt für „Streusplit" und fordert seine Mitspieler auf, die Gehsteige mit Schaufeln zu säubern. Bei der Morgenbesprechung erzählt er von seinen Erlebnissen am Morgen und dem Spiel während des Vormittags. Er äußert den Wunsch, verschiedene Räumfahrzeuge kennenzulernen und fragt nach, wer nach dem Mittagessen wieder mit ihm mitspielen möchte.

Wichtig:

Kommt ein Kind nie in eine Phase der Engagiertheit, kann dies ein Hinweis darauf sein, dass es sich möglicherweise (noch) nicht wohlfühlt.

Achten Sie darauf, dass Kinder, wenn sie sich für etwas engagieren, nicht permanent unterbrochen werden. Kinder verinnerlichen, dass es sich nicht „lohnt" einem Interesse konzentriert nachzugehen, weil Erwachsene durch ein Zeitkorsett bestimmen, was sie als Nächstes machen müssen (z. B. alle müssen den Morgenkreis besuchen, alle räumen jetzt auf). Schauen Sie also genau hin, wann und wo Sie Ausnahmen machen können. Es verwundert nicht, wenn z. B. Fabian aus dem obigen Beispiel kein Interesse an einem vorgelesenen Bilderbuch zeigt. Zumindest in Gedanken kehrt er vielleicht immer wieder zum Schneeräumen zurück, wirkt dadurch unkonzentriert und fällt als störend auf.

Lerngeschichten und Lerndispositionen

◎ Standhalten bei Herausforderungen und Schwierigkeiten

Kinder wollen immer wieder Neues ausprobieren und an die Grenzen dessen gehen, was sie bereits können. Sie haben bereits die Erfahrung gemacht, dass es sich lohnt, bei Schwierigkeiten standzuhalten und Hindernisse auf die eigene Art und Weise zu bewältigen. Wenn das Umfeld ihnen zugesteht, Dinge zu erforschen und auch mal Fehler machen zu dürfen, dann geben sie nicht so schnell auf. Sie lernen, mit Frusterlebnissen umzugehen und dranzubleiben, auch wenn etwas nicht auf Anhieb klappt.

Beispiel:

Im Kindergarten wird gerade der Garten umgestaltet. Die Baufirma hat den Sand für die neue Sandlandschaft auf der anderen Seite des Gartens ausgekippt, da ihr die direkte Zufahrt nicht möglich war. Die Erzieherinnen und die Kinder haben es übernommen, den Sand in die neue Sandkiste zu transportieren. Einige Kinder sind schon fleißig am Werk und haben sich mit Eimern ausgerüstet. Sie tragen den Sand auf die andere Gartenseite.

Jannis möchte lieber den Sand ans andere Gartenende fahren. Er hat sich den Trettraktor ausgesucht und schaufelt eifrig Sand in die große Schaufel des Traktors. Dabei macht er die Erfahrung, dass der Traktor ab einer bestimmten Sandmenge nach vorne kippt, da das Gewicht auf der Schaufel zu schwer ist. Weil Jannis in kurzer Zeit viel Sand transportieren wollte, äußert er laut seinen Unmut über das Misslingen seines Planes. Zweimal fährt Jannis mit einer kleineren Sandmenge zur Sandlandschaft und kippt sie aus. Beim dritten Mal versucht er mehr Sand aufzuladen, indem er ein anderes Kind um Hilfe bittet, das sich während seines Aufladens auf den Fahrersitz setzt. Danach wechseln er und das Kind schnell den Platz, bevor der Traktor kippen kann. So kann er einige Fahrten bewerkstelligen. Als er kein Kind mehr findet, das ihn beim Aufladen unterstützt, findet er eine weitere neue Möglichkeit: er beschwert die Hinterseite des Traktors mit einem großen Stein. Dieser verhindert, dass das Gefährt nach vorne kippt. Beim Losfahren schiebt Jannis den Stein wieder runter. Nun kann er seiner selbstgestellten Aufgabe unabhängig nachkommen und zeigt seine Zufriedenheit deutlich in seiner Mimik.

Theoretische Verankerung des Instruments

> **Wichtig:**
>
> Es lässt sich immer öfter beobachten, dass Kindern frühzeitig aus neuen Situationen aussteigen, sich wenig zutrauen und nicht motiviert sind, neue Strategien und Lösungswege zu suchen. Vor allem bei den späteren schulischen Herausforderungen haben sich mangelnde Fähigkeiten in diesem Bereich als hinderlich erwiesen.
>
> Es gilt es, kritisch zu hinterfragen, warum der kindliche Explorationstrieb nicht ausgelebt werden konnte. Hinderlich in der Entwicklung dieser Lerndisposition sind Situationen, in denen
> - Kindern Lösungen vorgegeben werden, bevor diese eigene entwickeln konnten,
> - Kindern kein eigener Rhythmus zugestanden wird,
> - Kinder im Sinne falscher Protektionsansprüche nie an ihre Grenzen gehen konnten,
> - Kinder keine Unterstützung im Prozess der Lösungssuche erwarten konnten,
> - Kinder gelernt haben, dass Fehler machen negativ besetzt ist.

Sich ausdrücken und mitteilen

Diese Lerndisposition stellt das individuelle und schöpferische Ausdrücken eigener Ideen, Gefühle, Wünsche und Interessen in den Mittelpunkt. Das Lernumfeld des Kindes muss dabei so gestaltet sein, dass freies Äußern begrüßt wird und die Erzieherin das Kind durch aktives Zuhören unterstützt.

> **Beispiel:**
>
> *Lea sitzt am Maltisch und zeichnet mit Buntstiften. Nadine kommt auf sie zu und fragt, was sie zeichnet. Nachdem Lea bereitwillig Auskunft gibt, holt sich Nadine selbst ein Blatt und beginnt zu arbeiten. Beide zeichnen konzentriert weiter. Dann beobachtet Lea, dass Nadine mit einem Goldstift zeichnet und fragt, ob sie ihn haben darf. Nadine vertröstet Lea, da sie den Buntstift noch benötigt. Lea zeigt sich zwar enttäuscht, wartet jedoch geduldig, bis Nadine die Farbe abgibt. Nadine interessiert sich nun dafür, wie Lea den Goldstift verwendet. Die beiden tauschen sich über den Inhalt ihrer Bilder aus.*

> **Wichtig:**
>
> Damit sich Kinder mitteilen können, muss die Lernumgebung ihnen ermöglichen, sich auf unterschiedlichen Wegen auszutauschen. Sollte es manchen Kindern schwerfallen, eigene Gefühle und Interessen auszudrücken, bzw. jene der anderen Kinder zu interpretieren und angemessen darauf zu reagieren, z. B. bei aggressiven Verhaltensweisen, ist eine differenzierte Ursachenforschung notwendig.

Lerngeschichten und Lerndispositionen

🌀 An einer Lerngemeinschaft mitwirken und Verantwortung übernehmen

Diese Lerndisposition umfasst die Fähigkeit von Kindern, Dinge auch von einem anderen Standpunkt aus zu sehen. Ein Kind soll dazu in der Lage sein, Entscheidungen zu treffen und Auskunft über sich oder etwas zu geben, d.h. innerhalb einer Lerngemeinschaft zu kommunizieren. Dazu bedarf es mindestens einer weiteren Person (Kind oder Erzieherin).

Verantwortung übernehmen kann das Kind für eine Gruppe, eine Aufgabe, ein Tier oder für sich alleine. Auch dies ist wieder, allerdings indirekt, als Mitwirkung an der Lerngemeinschaft zu sehen.

Im Spiel können Kinder ihre eigenen Kompetenzen gezielt einbringen.

Beispiel:

Manuel hat von Zuhause seinen neuen Fußball mitgebracht. Im Außengelände scharen sich gleich weitere drei Jungen um ihn. Sie beschließen, ein Fußballmatch zu machen. Da es ihnen an Toren fehlt, beraten sie gemeinsam, wie sie vorgehen könnten. Elias schlägt vor, jeweils zwei Holzkisten als Pfosten zu positionieren. Die anderen greifen die Idee auf und setzen sie unmittelbar um. Dann wollen sie zwei Mannschaften bilden. Manuel schlägt als „Ballbesitzer" vor, dass er sich einen Mitspieler aussuchen darf. Als seine Wahl auf Simon fällt, sind Elias und Christian nicht einverstanden. Letztere finden die Teambildung ungerecht, da Manuel und Simon im Verein spielen und schon geschickter sind. Die vier Kinder verhandeln lautstark weiter. Manuel, zuerst nicht sehr kompromissbereit, lenkt nun ein. Die Jungen beschließen, nach jeweils fünf geschossenen Toren die Mannschaften auszuwechseln. Christian übernimmt das Zählen der Tore. Es entsteht ein temporeiches Spiel mit wenig weiteren Diskussionen.

Wichtig:

„Die Stärkung der demokratischen Kompetenzen kann (…) nur über die aktive Beteiligung der Kinder erfolgen, d. h. durch Partizipation. Diese Form der Einflussnahme wird den Kindern durch Einbezug in Entscheidungsprozesse zugestanden und durch Angebote, ihre Lebens- und sozialen Nahräume selbst mit zu gestalten." (Deutsches Schulamt 2008, 44). Wenn Kinder diese Lerndisposition wenig bzw. nicht ausgeprägt haben, müssen Sie kritisch hinterfragen, wie es um die demokratische Kooperation und Kommunikation zwischen Kindern und Erzieherinnen sowie Kindern untereinander bestellt ist.

Die Lerndispositionen im Zusammenhang mit dem Planungskreislauf

Der Ansatz von Margret Carr wurde bei der Entwicklung des Planungskreislaufes immer wieder diskutiert und schließlich bei der Entwicklung des Instrumentes berücksichtigt. Folgende Gemeinsamkeiten lassen sich vorrangig festmachen:

- Beim Ansatz der Bildungs- und Lerngeschichten und beim Planungskreislauf werden Kinder in alltäglichen Situationen beobachtet.
- Es findet keine einheitlich standardisierte Beobachtung statt, sondern es handelt sich um eine interpretierende Beobachtung, die von verschiedenen Beobachtern abgeglichen wird.
- Der Blick auf die Stärken und Ressourcen des Kindes ist beiden Ansätzen gemein.
- Der kollegiale Austausch und die Planung weiterführender Schritte in der Begleitung des Kindes werden von beiden Instrumenten als essentiell erachtet, um Individualisierung und Differenzierung gerecht werden zu können.
- Die Lerndispositionen und ihre Bedeutung für die Bildungsbiografie jedes einzelnen Kindes werden berücksichtigt.
- Eine Möglichkeit Kindern Rückmeldung über den erstellten Planungskreislauf zu geben, ist eine Bildungs- und Lerngeschichte.

Lerngeschichten und Lerndispositionen

Die einzelnen Lerndispositionen finden im Planungskreislauf zu unterschiedlichen Zeitpunkten ihre Berücksichtigung. In der Analysephase werden im Planungskreislauf explizit die beiden Lerndispositionen Interesse und Engagiertheit gegenübergestellt. Beide Lerndispositionen bilden den Ausgangspunkt für das Formulieren des Bildungsthemas des Kindes, welches in der Folge entscheidend für die weiterführende Planung von Interventionen ist. Anhand der gewonnenen Informationen in der Vorphase (Situationsbeobachtungen, Mindmap) versuchen die pädagogischen Fachkräfte im gemeinsamen Austausch den Interessen des Kindes auf die Spur zu kommen. Außerdem definieren sie die Dinge und Personen, bei denen das Kind Engagiertheit zeigt. Die Unterscheidung ist von größter Bedeutung für die weiteren Lernprozesse des Kindes. In der Praxis entpuppte sich dies manchmal als Stolperstein. Die Frage, wo Interesse aufhört und Engagiertheit anfängt, ist schwer zu beantworten, da zwischen Interesse und Engagiertheit keine klare Trennlinie besteht. Die Einordnung ist manchmal nicht eindeutig, bzw. wird von verschiedenen Personen unterschiedlich empfunden. Als sehr hilfreich haben sich die Indikatoren zu den beiden Lerndispositionen erwiesen, die für die Engagiertheit immer eine Qualitätssteigerung in der Auseinandersetzung des Kindes mit seiner Umgebung im Sinne der eigenen Bildung beinhalten (vgl. Leu et al. 2012, 60 ff.):

Interesse	Engagiertheit
Wenn das Kind …	Wenn das Kind …
… sich Dingen oder Personen *annähert*	… sich mit Dingen und Personen aktiv auseinandersetzt
… sich Dingen oder Personen *aufmerksam* zuwendet	… konzentriert ist
… nach etwas fragt	… weiterführende Fragen zum Interessensgegenstand stellt

Um beim Austausch im Team die Unterscheidung zu erleichtern, wurden oben erwähnte Indikatoren als Reflexionsfragen im Arbeitsblatt im Anhang (S. 87–90) eingearbeitet.

Die drei weiteren Lerndispositionen spielen bei der Erstellung der Mindmap eine wichtige Rolle. In der strukturierten Variante sind sie als Hauptthemen genannt (siehe S. 56 und S. 92).

Theoretische Verankerung des Instruments

1.3 Das Bildungsthema

Was ist ein Bildungsthema?

Den Begriff „Bildungsthema" findet man in keinem Wörterbuch. Ebenso wie ein Bildungsprozess von außen nicht direkt erkennbar ist, kann man auf das Thema eines Kindes nur indirekt schließen. Dieser Umstand erschwert eine klare und eindeutige Formulierung. Man könnte das Bildungsthema mit einem „roten Faden" umschreiben, der sich als länger anhaltende, meist recht konkrete, für das Kind brandaktuelle Frage durch sein momentanes Tun zieht.

Diese Frage äußert sich für den achtsamen Beobachter in Aktion und Reaktion des Kindes und kann sich einerseits auf Dinge beziehen, aber auch andererseits auch auf die das Kind umgebenden Menschen.

Durch Verhaltensbeobachtung des Kindes können die Erwachsenen einen Deutungsversuch für ein Bildungsthema unternehmen. Es entsteht ein Dialog mit dem Kind. Dieser kann in einer kurzen Interaktion bestehen, sich aber auch über den ganzen Tag hinziehen, oder ein längerfristiges Projekt beinhalten. Durch eine spontane, unmittelbare Reaktion der Erwachsenen auf das Tun des Kindes, z. B. durch eine Frage oder Antwort, erfährt es, dass sein Thema anerkannt wird. Gleichzeitig macht die Erzieherin dem Kind schon einen „Interpretationsvorschlag". Auch die Planung und Umsetzung von weiterführenden Interventionsmaßnahmen, welche das Team auf das Kind abstimmt, führen dazu, dass das Thema für den Jungen oder das Mädchen selbst „greifbar" wird.

Leitend für die Formulierung eines Themas ist das fundierte Wissen über Bildungs- und Entwicklungsverläufe, auf deren Basis die Interventionsmaßnahmen gesetzt werden.

Vertieft ins gemeinsame Rollenspiel

Das Bildungsthema

Gradmesser für die angemessene Deutung des Bildungsthemas ist die Reaktion des Kindes. Wenn das Kind das Thema aufgreift und sich eine Erweiterung von Kompetenzen in seinem Verhalten zeigt, war der Deutungsversuch erfolgreich. Die Aufgabe der Erzieherinnen geht dabei über den Begleitungsaspekt hinaus, d. h. sie versuchen im Dialog mit dem Kind seine Fähigkeiten zu nutzen und weiter auszudifferenzieren. Nur durch die Interaktion wird das Kind eine höhere Niveaustufe erreichen. Andernfalls würde das Thema unentwickelt bleiben.

Wichtig:

Ein Bildungsthema kann ein Kind über mehrere Monate beschäftigen. Unterschiedlichste Verhaltensweisen und Interessen können dazu dienen, das Thema zu vertiefen und „abzuarbeiten". Für pädagogische Fachkräfte ist es wichtig zu verstehen, dass die „Frage an die Welt" für das Kind hinreichend beantwortet werden muss.

Beispiel:

Ein zweieinhalbjähriger Junge fiel in der Kindergruppe immer wieder dadurch auf, dass er kleine Gegenstände durch den Gruppenraum warf. Häufig wurden auch andere Kinder von seinen „Wurfgeschossen" getroffen, was zu Unmut, Tränen und Beschwerden führte. Die Kinder unterstellten dem Jungen sogar, er würde es darauf anlegen, sie zu treffen. Die pädagogischen Fachkräfte waren ratlos, da weder Ermahnungen („Nicht mehr werfen!"), Ablenkungen („Möchtest du nicht lieber malen?"), Appell („Du tust den anderen weh!"), noch gemeinsame Aufräumaktionen der herumgeworfenen Gegenstände (die der Junge übrigens boykottierte), die gewünschte Beruhigung brachten.

Bei gezielten Beobachtungen des Kindes und einer daraus resultierenden Teambesprechung im Rahmen der Erstellung des Planungskreislaufes kamen die Erzieherinnen zu einer wertvollen Erkenntnis: Die aktuelle Motivation für das Verhalten des Jungen war seine Auseinandersetzung mit der Schwerkraft. Seine Frage an die Welt formulierte das Team folgendermaßen: „Kommt alles, was ich hochwerfe, wieder herunter?" Theoretische Begründung dieser Frage erklärte sich durch die Verhaltensschemata. Die Erzieherinnen erkannten, dass die Frage für den Jungen enorm wichtig war. So konnte er dem Verbot, im Gruppenraum nichts mehr herumzuwerfen, nicht folgen.

Bei der Planung der Interventionsmaßnahmen gingen sie daher der Frage nach, wo der Junge weitere Erfahrungen machen konnte, ohne sich oder andere in Gefahr zu bringen bzw. den Gruppenraum zu verwüsten. Im Außenbereich entdeckten die Erzieherinnen eine Vielzahl an Erfahrungsmöglichkeiten: klettern und herunterspringen aus unterschiedlichen Höhen, das eigene Gewicht bei der Landung spüren, über Steigungen hinauf- und hinunterlaufen usw. Zudem bot sich eine Erzieherin an, mit dem Jungen bzw. einer Kleingruppe vermehrt den nahegelegenen Bach aufzusuchen. Von einer kleinen Brücke warfen sie Steine, Stöckchen, Blätter in den Wasserlauf. Die größeren Kinder kommentierten gemeinsam mit der Erwachsenen das Beobachtete: „Alle Dinge fallen nach unten", „Der Stein fällt schneller als das Blatt", „Je größer der Stein, desto mehr spritzt es" usw. Bei Bewegungsangeboten wurde vor allem auf den Aspekt des Werfens geachtet. Wettspiele, bei denen sich zwei Mannschaften mit Schaumstoffbällen abschossen, waren besonders beliebt. Der Junge war bei allen Aktionen mit Feuereifer bei der Sache, die „Wurfaktionen" im Gruppenraum kamen so gut wie nicht mehr vor, denn seine Frage wurde beantwortet.

Interesse und Engagiertheit und ihr Zusammenhang mit dem Bildungsthema

Um an seinem Thema zu arbeiten, muss sich das Kind zuerst einmal für einen Gegenstand oder eine Person interessieren. Dabei spielt natürlich die materielle Ausstattung des Kindergartens eine entscheidende Rolle. Je differenzierter das Material- und Spielangebot für Kinder, desto leichter finden sie eine Möglichkeit, ihren Interessen nachzugehen.

Da Interessen aber nur einen oberflächlichen Deutungsschluss zulassen, ist es von enormer Bedeutung, dass Sie darauf achten, wie „tief" das Kind sich mit dem für Sie offensichtlichen Interesse beschäftigt. Dabei ist ganz klar zu unterscheiden, ob eine Beziehung zwischen dem Kind und dem Gegenstand oder der Person seines Interesses erkennbar ist, die über eine allgemeine beiläufige Neugier hinausgeht. Aufschluss dazu bietet der Grad der Engagiertheit. Interesse ist dabei die Voraussetzung für eine engagierte Auseinandersetzung: Engagiert sich ein Kind, so „arbeitet" es an seinem Bildungsthema.

Orientieren Sie sich lieber nicht nur an der Interessensebene des Kindes, denn es kann unterschiedlichste Interessen zeigen und doch nur ein Bildungsthema haben. Das Thema bündelt mehrere (Sach-)Interessen und verknüpft sie mit dem Selbstkonzept des Kindes. Das Thema schnürt, wie der bereits oben beschriebene „rote Faden", ein Paket zwischen dem Verhalten des Kindes und seinen verschiedenen Interessen.

Wichtig:

Vorschnelle Interpretationen von Themen und daraus resultierende Interventionsmaßnahmen durch bloßes Anknüpfen am Interesse bringen oft nicht die erwarteten Ergebnisse.

Beispiel:

Eine Erzieherin nimmt bei einem Jungen das Interesse für Pinguine wahr. Dadurch sieht sie sich veranlasst, Fachbücher und Anschauungsmaterial zur Verfügung zu stellen und eine Interessensgruppe zu initiieren. Der Junge nimmt aber das Angebot nicht wahr und zeigt sich in der Gruppe sogar gelangweilt. Dies ist ein Hinweis, dass das Bildungsthema nicht erkannt wurde. Vielleicht ging es dem Jungen in seinem augenscheinlichen Interesse an den Pinguinen mehr um die Auseinandersetzung mit dem Thema „Unterscheidung von anderen", was in einer Pinguinkolonie bekanntlich recht schwierig sein kann.

Das Bildungsthema

Der Zusammenhang zwischen Bildungsthema und den Grundbedürfnissen des Menschen

Bildungsthemen entstehen aus einem aktuellen Interesse, oder weil man aus eigenem Antrieb etwas lernen will. Sie gehen oft Hand in Hand mit Grundbedürfnissen des Menschen.

Abraham Maslow definierte eine sogenannte Bedürfnispyramide, die alle Bedürfnisse veranschaulicht. Die Befriedigung der Bedürfnisse ist nach seiner Anschauung Voraussetzung für das körperliche und seelische Wohlbefinden und die Entfaltung der menschlichen Persönlichkeit im jeweiligen Kulturkreis.
Maslow ging davon aus, dass die Bedürfnisse des Menschen stufenförmig aufeinander aufbauen. Die nächste Stufe kann nur erreicht werden, wenn die darunterliegende ausreichend befriedigt und gesättigt ist.

An unterster Stelle stehen die physiologischen Bedürfnisse, hier geht es um die Grundbedürfnisse des Menschen, wie Essen, Trinken und Schlaf. Sind diese Bedürfnisse befriedigt, widmet sich der Mensch seiner Sicherheit. Fühlt er sich geborgen und frei, so geht es weiter zum Zugehörigkeits- und Liebesbedürfnis, über die Wertschätzung und das Geltungsstreben bis hinauf zur Selbstverwirklichung (vgl. Zimbardo 2003, 325 ff.).

Auch in der Beobachtung von Kindern ist es wichtig, die Bedürfnispyramide von Maslow im Hinterkopf zu haben. In der Eingewöhnungsphase kann z. B. das gesamte Verhalten des Kindes auf sein Sicherungsbedürfnis ausrichtet sein. Ein anderes Kind, welches diese Phase bereits überwunden hat, spürt das Bedürfnis nach Mitgliedschaft in einer sozialen Gemeinschaft und sucht nach emotionaler Nähe und Verbundenheit. Ein mögliches Bildungsthema für dieses Kind wäre dann die Frage nach seiner Gruppenzugehörigkeit.

> **Wichtig:**
> Wie oben schon beschrieben, ist die Bedürfnispyramide immer im Zusammenhang mit dem kulturellen Hintergrund zu sehen. Bei Kindern mit Migrationshintergrund ist dieser also immer zu berücksichtigen.

Das Bildungsthema im Zusammenhang mit dem Planungskreislauf

Das Bildungsthema des Kindes ist vorrangig als „Ich will"-Anspruch zu sehen. Es nährt sich aus der Eigenmotivation und stellt daher ein wichtiges Lernfeld für das Kind dar. Die Vernetzung mit den Rahmenrichtlinien (Konzipierung) bringt jedoch noch ein weiterer Aspekt ins Spiel. Bildungs- und Erziehungsziele bzw. der Erwerb von bestimmten Kompetenzen werden von „außen" definiert und tragen Zielvorgaben an das Kind heran, die einen „Ich soll"-Charakter haben. Auf den ersten Blick erscheinen beide Perspektiven völlig unterschiedlich. Es entsteht der Eindruck, dass sie sich ausschließen. Beim genaueren Hinsehen jedoch wird klar, dass es durchaus Gemeinsamkeiten bzw. Möglichkeiten der Verknüpfung geben kann und sogar geben muss.

Durch Ihre Reaktionen auf das Thema des Kindes erfährt es immer eine Bedeutung, die über seine individuelle Fragestellung hinaus geht. Im Dialog mit dem Kind machen Sie ihm auch kulturelle Deutungen und Themen zugänglich (man spricht hier von „Zumutungen der Erzieherinnen", vgl. Laewen 2010, 140 ff).

Theoretische Verankerung des Instruments

Die Kunst bei der Planung von weiteren Schritten (Operationalisierungsphase) ist, „will" und „soll" für das Kind sinnvoll miteinander zu verbinden. Es geht darum, eine Schnittmenge herzustellen, in der ein Ausgleich zwischen Bildungszielen der Erzieherinnen einerseits und den Bildungsthemen des Kindes andererseits besteht. Konkret gesprochen geht es um ein angemessenes Verhältnis zwischen individuellen Zielen des Kindes (aktuelles Bildungsthema) und den Ansprüchen von außen durch die Rahmenrichtlinien.

Der Diplompädagoge und systemische Therapeut Holger Lindemann befasst sich in seinem Buch „Systemisch beobachten – lösungsorientiert handeln" mit oben erwähntem Spannungsfeld zwischen „will und soll". Er betont dabei nachdrücklich:

„In pädagogischen Zusammenhängen ist es unerlässlich, solche Anforderungen an das Können des Gegenübers zu stellen und ihm ein bestimmtes Nicht-Können zu unterstellen. Genauso unerlässlich ist es aber auch, sich des zuschreibenden Charakters solcher Unterstellungen bewusst zu sein." (Lindemann 2008, 114).

Bei der Formulierung der Maßnahmen im Planungskreislauf sollten Sie daher folgende gegensätzliche Ansatzpunkte berücksichtigen (vgl. ebd., 117):

Ich soll – ich will
Wo lassen sich Vorgaben und Anforderungen durch die Rahmenrichtlinien mit den Interessen, Bedürfnissen und dem Bildungsthema des Kindes vereinbaren?

Steuerung – Selbststeuerung
Wie viel Anleitung bei Prozessen braucht das Kind? Wo und wann können wir auf sein Eigenpotential aufbauen? Wo und wie können Prozesse gemeinsam im Sinne der Ko-Konstruktion stattfinden?

Im Kindergarten kann man in Kontakt mit anderen sein.

Das Bildungsthema

Beim Ausprobieren kann man eigene Lösungsstrategien finden.

◉ Angebot – Freispiel

Wie können wir einen Wechsel von eigenaktiven und angeleiteten Phasen steuern? Was müssen wir dabei in der Strukturierung des Tagesablaufes berücksichtigen?

◉ Neues – Bekanntes

Welche und wie viele neue Inhalte und Methoden sind gefragt? Wo knüpfen wir an Bekanntem und am Vorwissen an? Was können wir dem Kind zumuten? Wann, wo und wie ist es über- oder unterfordert?

◉ Erproben – üben

Wie, wann und wo gibt es Möglichkeiten, Neues kennenzulernen bzw. auszuprobieren? Wie und wo kann das Kind Fehler machen? Wie kann es daraus lernen? Wie, wann und wo soll es bewährte, bekannte Strategien üben und festigen?

◉ Neugier wecken – Neugier befriedigen

Wann gibt es für das Kind Gelegenheiten, Aufgaben gestellt zu bekommen oder sie selbst zu stellen? Wie ist die Lernumgebung gestaltet, damit Neues seinen Platz finden kann? Wann kann das Kind eigenen Fragen auf den Grund gehen? Wann gibt es zeitliche Möglichkeiten, damit ein Kind ganz in seinem Tun versinken kann? (Stichwort: Flow, S. 26)

◉ Anwenden – entwickeln

Wie, wo und wann verwenden wir alte Denk- und Handlungsschemata? Wie, wo und wann ergeben sich Notwendigkeiten der Veränderung und Neuentwicklung? Wie, wo und wann ergeben sich Möglichkeiten der gemeinsamen Diskussion über Altes und Bewährtes bzw. Neues und Notwendiges für die Weiterarbeit? Wie und wo schaffen wir Raum für Diskussionen und Ko-Konstruktive Prozesse?

Theoretische Verankerung des Instruments

> **Wichtig:**
>
> Grundsätzlich gilt für alle formulierten Maßnahmen, dass sie sich an den vorhandenen Fähigkeiten des Kindes orientieren sollen, d. h. an seinen Stärken ansetzen. Es geht nicht darum, einen Mangel auszugleichen oder Verhaltensweisen und Fähigkeiten, die unterlassen werden sollen, zu thematisieren.

Vorschläge für Bildungsthemen

In der Praxis hat sich gezeigt, dass die Formulierung eines Bildungsthemas wegen seiner Abstraktheit recht schwierig ist. Weil das Vorgehen meist ungewohnt ist und sie keinen Fehler machen möchten, trauen sich Erzieherinnen häufig nicht, intuitiv vorzugehen. Wie oben beschrieben, orientieren sich Bildungsthemen an Bildungs- und Entwicklungsverläufen. Die Theorie zur Entwicklungspsychologie ist Ihnen von der Ausbildung her bekannt. Die Kunst ist nun, das angeeignete Wissen in Zusammenhang mit dem beobachteten Verhalten des Kindes zu bringen und als Thema zu formulieren.

> **Wichtig:**
>
> Wie in den Ausführungen angeklungen, wird das Thema des Kindes oftmals als „Frage an die Welt" formuliert. Dies ist eine Vorgehensweise, die von einigen pädagogischen Fachkräften als hilfreich empfunden wird. Ob Sie allerdings eine Frage für die Weiterarbeit zugrunde legen oder sich mit einem Stichwort begnügen, bleibt Ihnen und Ihrem Team überlassen.

Folgende Vorschläge für Bildungsthemen sollen Ihnen helfen, sich an das ungewohnte Terrain heranzutasten und Sie darin unterstützen, das Instrument „Planungskreislauf" umzusetzen. Die vorgeschlagenen Stichworte basieren auf verschiedenen Theorien der Entwicklungspsychologie und erheben keinen Anspruch auf Vollständigkeit.

- **Bildungsthemen, die sich an Verhaltensschemata anlehnen**

Bei Kindergartenkindern lässt sich eine Vielzahl an Verhaltensweisen beobachten, die sich in unterschiedlichsten Situationen wiederholen. So kann es vorkommen, dass sich Kind immer wieder mit dem Ein- und Auswickeln von Gegenständen beschäftigt. Diesem permanenten und über Dauer beobachtbaren Phänomen kann ein Verhaltensschema zugrunde liegen. Untenstehende Auflistung bietet eine Auswahl an relevanten Begriffen, welche sich im Handeln aber auch in der Zeichenentwicklung des Kindes niederschlagen:

- die Linie
- das Gleichgewicht
- die Rotation
- einwickeln und verstecken
- transportieren
- verbinden

Das Bildungsthema

◉ **Bildungsthemen, die sich an Entwicklungsverläufen orientieren**

Bildungsthemen sind oft stark an die Entwicklung des Kindes angebunden. Daher empfiehlt es sich, bei der Suche nach der grundlegenden Frage zum Verhalten des Kindes, eine Rückbindung auf seinen momentanen Entwicklungsstand zu vollziehen.

Dreijährige Kinder haben ein sehr bewegungsbetontes Verhalten. Sie loten aus, was ihr Körper alles kann und üben sich permanent in der Verfeinerung ihrer körperlichen Fertigkeiten. Das Bildungsthema könnte in diesem Zusammenhang mit dem Slogan „schneller, höher, weiter" umschrieben werden.

Weitere Bildungsthemen dieser Altersstufe:
- ◉ Autonomiestreben: „Was ich alles schon ohne dich kann!"
- ◉ Perspektivenübernahme: „Ich seh' die Welt, wie du sie siehst!"
- ◉ erste gleichaltrige Beziehungen: „Vom Ich, über das Du, zum Wir."
- ◉ Neugierde: „Was, wie, wo, wann …?"
- ◉ Animismus: „Was spricht der Stein, wieso weint der Stuhl …?"

Ein **vierjähriges Kind** zeigt manchmal ganz von selbst ein hohes Interesse an Zeichen. Es will verstehen, welche Botschaft hinter Buchstaben, Wörtern und Piktogrammen steckt. Auch das könnte sich als Frage an die Welt formulieren lassen.

Weitere Bildungsthemen dieser Altersstufe:
- ◉ Ich in der Gruppe: „Wo ist mein Platz unter euch?"
- ◉ Erste moralische Fragen: „Was ist gerecht?"
- ◉ Geschlechtsrollenidentifikation: „Was können Jungen, was können Mädchen?"
- ◉ Prosoziales Verhalten: „Wie kann ich dir helfen?"

Fünf- und sechsjährige Kinder sind gemäß ihrer kognitiven Entwicklung meist schon weiter und beschäftigen sich oft über eine lange Dauer mit Ursache-Wirkung-Zusammenhängen. „Wie funktioniert meine Welt?" wäre ein typisches Bildungsthema dieser Altersgruppe.

Weitere Bildungsthemen dieser Altersstufe:
- ◉ Kooperation in der Gruppe: „Was schaffen wir gemeinsam?"
- ◉ Emotionskontrolle: „Ich bin wütend!"
- ◉ Selbstbildung: „Ich eigne mir die Welt alleine an!"
- ◉ Macht/Ohnmacht: „Wer ist hier der Bestimmer?"

Diese Aufgabe übernehmen wir zusammen!

Theoretische Verankerung des Instruments

> **Wichtig:**
>
> Die Entwicklungsthemen müssen nicht zwangsläufig in ein Bildungsthema münden. Entwicklungsverläufe sind sehr unterschiedlich und Bildungsverläufe bieten eine noch breitere Variation.

◎ Bildungsthemen, die sich durch die Theorien von Piaget erklären lassen

Auch bei Jean Piaget lassen sich mögliche Ansatzpunkte für Bildungsthemen ausmachen. Gemäß seiner Theorie der kognitiven Entwicklung bietet vor allem die Denkstruktur in der präoperationalen Phase Erklärungsmodelle, die sich in Zusammenhang mit dem Planungskreislauf bringen lassen: Objektpermanenz, Symbolhandlungen, Anwendung erworbener Handlungsschemata auf neue Situationen, Übergang vom sensumotorischen Intelligenzakt zur Vorstellung (vgl. Oerter/Montada 2002, 418 ff).

> **Beispiel:**
>
> *Verbesserung sensumotorischer Leistungen durch Ausprobieren von Bewegungsabläufen in unterschiedlichen Variationen:*
>
> *Lara (3;2) wohnt im Erdgeschoss und hat wenig Erfahrung mit Treppensteigen. Im Kindergarten ist sie fasziniert von der Möglichkeit, sich in dieser Fähigkeit zu üben. Der Erzieherin fällt auf, dass sich das Mädchen zuerst im Nachstellschritt die Treppe hinauf und hinunter bewegt. Mit vermehrter Übung gelingt ihr bald der Wechselschritt, zunächst nur in der Bewegung nach oben. Bis Lara sich auch sicher im Wechselschritt hinunterbewegt, dauert es zwei Monate. Der letzte Meilenstein ist geschafft, als sich Lara traut, von der vorletzten Stufe hinunterzuspringen.*

Im exzessiven Rollenspiel übt das Kind sein Nachahmungsverhalten, durch das Experimentieren mit Sprache erweitert es seinen Wortschatz ständig. Es lernt Objekte zu umschreiben und Emotionen zu thematisieren, indem es im Austausch mit anderen Kindern steht. Seine Denkvorgänge werden immer ausgereifter und abstrakter.

Durch den Vorgang der Automatisierung gelingt es dem Kind, sich bestimmte Handlungen vorstellen zu können, ohne sie konkret ausprobieren zu müssen.

Das Bildungsthema

◎ **Bildungsthemen, die Lebensthemen ansprechen**

Thomae interviewte im Jahr 1968 Erwachsene zu ihrem Lebenslauf. Die daraus gewonnenen Ergebnisse fasste er in folgende sieben Daseinsthematiken zusammen:

◎ *„Regulative Thematik (Beseitigung von Störungen und Unausgeglichenheit. Herstellung von Gleichgewicht)*

◎ *Antizipatorische Regulation (Vorwegnahme von Konflikten und Störungen)*

◎ *Daseinssteigerung (Erlebnisdrang; Expansion)*

◎ *Soziale Integration (Schutz, Zuneigung, Anerkennung, Billigung durch Partner)*

◎ *Soziale Abhebung (Streben nach Dominanz, nach Unterschiedenheit von anderen)*

◎ *Kreative Thematik (Selbstverwirklichung, Extension bin Gestaltungsmöglichkeiten)*

◎ *Normative Thematik (Verpflichtung, Moral, Integrität)"*

(Oerter/Montada 1995, 126)

Er ging davon aus, dass es sich bei den oben erwähnten Themen um individuelle Persönlichkeitsziele handelt, welche die einzelnen Personen als Entwicklungsaufgabe sehen. Ausgehend von seiner Untersuchung lässt sich darauf schließen, dass sich jeder Erwachsene mit einem Bildungsthema beschäftigt. Diesem liegen entweder seine momentanen Lebensumstände zugrunde oder es hat seinen Ursprung in individuellen Erziehungs- oder Sozialisationsprozessen.

Die oben genannten Themen von Thomae lassen sich gut in Zusammenhang mit dem Planungskreislauf bringen:

Ein ausgeprägter Erlebnisdrang bis hin zu riskanten Verhaltensweisen kann für Kinder in einem bestimmten Alter ein Bildungs- bzw. Lebensthema darstellen. Ebenso gibt es Kinder, die ihr Verhalten auf die Herstellung von Gleichgewicht ausrichten. Letzteres kann sich im sozialen (z. B. Ausgleichverhalten in Konfliktsituationen), wie auch im dinglichen Kontext (z. B. Auseinandersetzung mit Statik bei Konstruktionsmaterialien) äußern.

Beim gemeinsamen Bücher ansehen kann man sich austauschen.

1.4 Elemente im pädagogischen Planungsprozess

Theoretische Verankerung des Instruments

Kinder können sich gegenseitig unterstützen.

Vernetzung mit den Bildungsplänen

Bildungsrelevante Zielsetzungen sind bundesweit in länderspezifischen Rahmenrichtlinien (= Bildungsplänen) definiert. Diese sind für alle pädagogischen Fachkräfte in sozialpädagogischen Einrichtungen handlungs- und richtungsweisend. Das Kind in seiner Entwicklung, in seinem Spielen, Lernen und Arbeiten, in seiner Existenz bekommt eine neue, bildungspolitisch bedeutsame Beachtung. Erzieherinnen müssen den Bildungsauftrag wahrnehmen und auf jedes Kind durch Individualisierung und Differenzierung eingehen. Die Herausforderung dabei besteht darin, die Stärken jedes einzelnen Jungen oder Mädchens zu erkennen und systematisch zu nutzen, um die bestmögliche Förderung aller Begabungen zu erreichen.

Elemente im pädagogischen Planungsprozess

In diesem Prozess spielt die Beobachtung, Dokumentation und Moderation von Bildungsprozessen eine Hauptrolle. Beobachtung und Dokumentation müssen gezielt und regelmäßig erfolgen und einen inhaltlichen Bezug zu den in den Rahmenrichtlinien angeführten Zielen, Kompetenzen und Bildungsfeldern aufweisen und sich an den Bedürfnissen, Stärken und Interessen des jeweiligen Kindes orientieren.

Planungskreislauf konkret:

Der Planungskreislauf schließt, mit der Konzipierungsphase als Bindeglied zwischen Beobachtung und darauffolgender Planung, eine wichtige Lücke. In einem Moment des „Innehaltens" wird im Schritt 2 das individuelle Bildungsthema mit dem bildungspolitischen Auftrag vernetzt:

Indem das Bildungsthema einer **Bildungsvision** zugeordnet wird, erhält die weiterführende Planung von Maßnahmen eine erste Richtung. Die Konkretisierung schreitet weiter durch die Auswahl eines **Bildungsfeldes.** Dieses bietet den Rahmen für die Organisation kindgerechter und entwicklungsangemessener Lernprozesse. Zuletzt ermöglicht ein ausgewähltes **Bildungsziel** den Ansatzpunkt für die Interventionsplanung und Weiterbegleitung des Kindes in seinem Bildungsprozess.

Der Prozess des Innehaltens in Schritt 2 hat auch noch die Funktion der Entschleunigung. Erzieherinnen sind häufig viel zu schnell beim Planen und Umsetzen. Ein heute wahrgenommenes Interesse soll bereits morgen befriedigt werden. In der Hektik stellen sie grundlegende Fragen, wie sie in der Analyseebene des Planungskreislaufes vorgesehen sind, meist nur unzureichend. Die Folge sind frustrierte Kinder und Erzieherinnen. Die vielen ausgedachten Angebote finden kein Interesse und das Kind fühlt sich unverstanden oder sogar gedrängt, etwas zu tun, was es eigentlich nicht möchte.

Kollegialer Austausch

Das bloße Zusammentragen und Abheften von Einzelbeobachtungen ist weder für das Kind noch für die pädagogischen Fachkräfte als Bildungsbegleiterinnen zielführend. Vielmehr kann es passieren, dass eine Erzieherin subjektiv, einseitig oder mit Vorurteilen behaftet beobachtet und dem wahren Kern des Selbst eines Kindes nicht annähernd gerecht wird.

Der kollegiale Austausch im Sinne eines fachlichen Diskurses ist daher ein unumgängliches Muss in jeder Einrichtung. Er bietet die Chance, den Bildungsweg des Kindes besser und eindeutiger zu erkennen, ihn in Ansätzen zu verstehen und in der Folge adäquat zu begleiten. Alle Kolleginnen können sich dabei mit ihren Sichtweisen, Bildungsverständnissen, Kompetenzen usw. einbringen und damit die Kultur des von- und miteinander Lernens fördern. Durch den Abgleich der eigenen Beobachtungen mit den Deutungen und Erfahrungen der anderen Teammitglieder kann sich der eigene Blick auf das Kind weiten, die Reflexion durch Nachfragen vertiefen und die weitere Planung vielfältiger und vor allem für das Kind passgenauer abstimmt werden.

Theoretische Verankerung des Instruments

Die Auseinandersetzung im Team macht deutlich, dass Sie selbst Lernende und Forschende sind. Das, was ein Kind tut und mit welchem Bildungsthema es sich momentan beschäftigt, können Sie nur durch Mutmaßungen erschließen. Die gemeinsame Diskussion kann die Chance für ein Erkennen des aktuellen Bildungsthemas eines Kindes erhöhen. Für Sie als Team bringt der Austausch aber auch Weiterentwicklung und Professionalisierung mit sich.

Wie sich der fachliche Diskurs gestaltet, ob alle sich daran beteiligen und ihn als notwendig und sinnvoll erachten, ist letztlich jeder einzelnen pädagogischen Fachkraft geschuldet. Wenn Sie die investierte Zeit als wertvoll für das Kind, im Sinne des gemeinsamen Reflektierens, Projekte Entwickelns, Diskutierens und Forschens, erachten, dann wird die Lust am Entdecken Ihr Tun leiten und Zeitinvestitionen relativieren.

Planungskreislauf konkret

Auf der Basis aller Dokumente der Vorphase tragen Sie alle Informationen zum jeweiligen Kind zusammen. Die Verantwortliche für die Erstellung des Planungskreislaufes strukturiert den Austausch. Die Situationsbeobachtungen werden vorgelesen. Sie bilden die Grundlage des Austausches. Nun tragen Sie Deutungen zu den dokumentierten Bildungsprozessen zusammen und verknüpfen sie mit anderen Informationsquellen (z. B. Mindmap). Das gemeinsam formulierte Bildungsthema bildet die Basis für die Vernetzung mit den Rahmenrichtlinien und die Formulierung eines Bildungszieles. Anschließend formulieren Sie Maßnahmen für das Kind.

In der Evaluierungsphase tauschen Sie sich erneut aus. Dabei überprüfen Sie das formulierte Bildungsthema mit erforderlichem Bildungsziel, lassen die Operationalisierungsschritte Revue passieren und stellen sich selbst ein „Zeugnis" bezüglich der Effektivität Ihrer pädagogischen Arbeit aus. Die Weiterentwicklung des Kindes in der Auseinandersetzung mit seinem Bildungsthema dient als Gradmesser.

Planung von Maßnahmen

Die Planung von Bildungsprozessen im Kindergarten hat sich in den letzten Jahren sehr stark verändert. Fein säuberlich geschriebene Vorbereitungen, die sich oft an vorgegebenen Plänen orientiert haben, und eine Aneinanderreihung von Aktivitäten darstellten, sind nicht mehr zeitgemäß. Die Frage „Was tun wir morgen?" wurde abgelöst von „Was wollen wir (für das Kind) erreichen und warum? Welche Mittel setzen wir zur Zielerreichung ein?" Somit wird die Situation des einzelnen Kindes, wahrgenommen durch Beobachtungen, zum Dreh- und Angelpunkt der pädagogischen Planung.

Elemente im pädagogischen Planungsprozess

Pädagogisches Handeln kann auf zwei Arten verstanden werden:

- als Begleitung: Die Erzieherin nimmt Themen der Kinder auf und begleitet sie in ihrem Prozess der Selbstbildung.
- als Zumutung: Die Erzieherin erweitert die Themen der Kinder und führt neue Themen ein. Bei zugemuteten Themen geht es immer darum, den Kindern mehr anzubieten, als sie sich selbst erschließen (können). Dies kann ein Mehr in der Quantität beinhalten oder ein Mehr in der Qualität.

Bei der Planung von Bildungsanlässen ist es wichtig, dass Sie einen Überblick über den aktuellen Entwicklungsstand des Kindes haben. Was kann das Kind alleine, welche Kenntnisse und Fähigkeiten besitzt es? Auf der Basis dieser Erkenntnisse begleiten Sie das Kind in die Zone der nächsten Entwicklung.

Die Fragen, die Sie sich dabei stellen sind:
- Was könnte das Kind als Nächstes ausprobieren?
- Wo ist es überfordert?
- Wann ist es unterfordert?

Pädagogische Planung ist also immer der Entwicklung des Kindes einen Schritt voraus. Sie antizipieren den nächsten Entwicklungsschritt des Kindes und stimmen Maßnahmen ab. Im Sinne der Zumutbarkeit moderieren Sie den Bildungsprozess des Kindes, indem Sie demonstrieren, beschreiben, ermutigen, loben, helfen, erleichtern, Feedback geben, Vorbild sind, zuhören, nachfragen usw.

Das Lernen des Kindes durchläuft dabei folgende vier Phasen:

1. Das Kind macht sich mit neuen Aufgaben oder Materialien vertraut. Dazu wird ihm die benötigte Zeit zugestanden.
2. Bei Bedarf unterstützen Sie oder eine andere kompetente Person das Kind zuerst mehr, dann weniger, in der Bewältigung der neuen Aufgaben und in der Arbeit mit den Materialien.
3. Das Kind setzt sich weitgehend selbständig mit vergleichbaren Aufgaben und ähnlichen Materialien auseinander, es übt durch Wiederholung.
4. Das Kind hat alle für diese Aktivitäten benötigten Kompetenzen erworben und ausdifferenziert. Nun kann es eigenständig und selbstverantwortlich agieren.

Durch Ihre Planung können Sie allerdings nur einen kleinen Beitrag für die Weiterentwicklung des Kindes leisten. Viele Prozesse laufen ohne Ihre direkte Einflussnahme ab, indem sich Kinder an anderen Kindern orientieren oder sich selbst Aufgaben *stellen*. Ohne Sie würde das Kind aber bestimmte Sachen nicht lernen. Diesen kleinen Teil gilt es, als Auftrag im Bildungsprozess des Kindes zu sehen.

Planungskreislauf konkret

Bei der Planung weiterführender Maßnahmen wird im Planungskreislauf zwischen zwei unterschiedlichen Ansätzen unterschieden:

1. Selbstorganisierte Lern-, Spiel und Arbeitsaktivitäten

Für die formulierten Maßnahmen in diesem Bereich machen Sie sich im Vorfeld Gedanken, was, wie und wo Sie dem Kind Bildungsanlässe verschaffen möchten. Ziel dabei ist es, dem Kind die Möglichkeit zu geben, eigenaktiv Angebote auszuwählen. Ihnen kommt dabei die Rolle der Vorbereiterin und möglicherweise auch der Begleiterin zu, sofern das Kind dies benötigt.

Der Fokus der geplanten Maßnahmen ist dabei auf die Vorbereitung räumlicher und zeitlicher Voraussetzungen für das Kind zur Weiterarbeit an seinem Bildungsthema gerichtet.

Gestaltung von Räumen

Die Strukturierung und Gestaltung der Lern- und Arbeitsräume des Kindergartens wirkt sich nachhaltig auf die individuellen Bildungsprozesse der Kinder aus. Das grundlegende Raumkonzept, die Gestaltung räumlicher Details, aber auch die Materialauswahl als solche, können eine Unmenge an Bildungsanlässe bieten und herausfordern.

Damit Bildungsorte und Lernräume im Sinne eines ko-konstruktiven Prozesses wirken können, müssen die räumlichen Rahmenbedingungen und die materielle Ausstattung auf die Lernbegierde und den Entwicklungsbedarf der Mädchen und Jungen abgestimmt sein (vgl. RRL 2008, 52).

Räume sollten also so gestaltet werden, dass sie Kindern vielfältige Anregungen zur Eigentätigkeit eröffnen. In ihrem Bestreben zur Selbstbildung sollten Kinder in der vorbereiteten Umgebung finden, was sie in ihren Bildungsprozessen nutzen möchten.

So wie sich die Interessen der Kinder wandeln, müssen auch Räume wandlungsfähig bleiben. Das bedeutet nicht, dass das grundlegende Konzept durch die Planung von Operationalisierungsschritten auf der Basis eines wahrgenommenen Bildungsthemas ins Wanken gerät. Ein Raumkonzept muss aber stets flexibel genug sein, um auf individuelle Interessen der Kinder zu reagieren. Ansatzpunkte für Maßnahmen in diesem Bereich ergeben sich in Innen- und Außenbereichen – hier durch Berücksichtigung und Hinzunahme eines neuen Lernbereiches oder durch eine fortlaufende Umgestaltung der „Interessensecke" (die z. B. als variabler Lernort immer nur Interessensschwerpunkte beinhaltet). Durch gezielten Materialeinsatz lassen sich zudem bereits bestehende Lern- und Arbeitsräume mit Bildungsanlässen anreichern.

Elemente im pädagogischen Planungsprozess

> **Voraussetzung für selbstorganisierte Lern, Spiel und Arbeitsaktivitäten**
>
> Welche Herausforderungen oder Unterstützungen braucht das Kind? Wie sieht die Umsetzung konkret aus? Wer ist wie, wo, für was verantwortlich?
>
> Atelier: Farbkreis, Farbkärtchen, Mischtechnik → Barbara [März]
>
> Bildersücher / Fachbücher → Sabina [März]
>
> Ausstellungsfläche - Gallerie → Platz suchen [Alle]

Ziel der Maßnahmen ist ein selbstständiges und kompetentes Bewegen des Kindes im Raum, ohne dass es immerzu auf Ihre Hilfe angewiesen ist. Das Kind kann sich mit selbst gewählten Aufgaben und Spielen im eigenen Lerntempo beschäftigen.

Bewusstsein von Zeit

Um sich Können und Wissen anzueignen, um seinen Interessen nachzugehen, seine Bedürfnisse zu befriedigen, braucht jedes Kind seine Zeit. Manches Kind schafft es, sich in schneller Abfolge mit unterschiedlichsten Dingen zu beschäftigen, ein anderes bleibt lange bei derselben Sache und geht mehr in die Tiefe. Neben dem Alter, das Einfluss auf den Zeitbedarf hat, sind es vor allem die individuellen Unterschiede, die berücksichtigt werden müssen. Bei der Planung von konkreten Maßnahmen für selbstorganisiertes Lernen müssen Sie daher diesen ganz individuellen Zeitbedarf im Auge behalten. Wann, wo und wie lange kann sich ein Kind selbsttätig beschäftigen? Wo können Sie für dieses Kind das Zeitkorsett lösen? Wann ergeben sich auch Möglichkeiten das Kind in seiner Selbsttätigkeit (z. B. durch einen Dialog zwischen Erzieherin und Kind) zu unterstützen, sofern das Kind Bedarf signalisiert?

2. Strukturierte Lern-, Spiel- und Arbeitsaktivitäten

Der zweite Bereich der Maßnahmenplanung betrifft die Rolle der Erzieherinnen als Initiatorinnen bzw. Anbieterinnen von Bildungsanlässen. Die Angebote bzw. Interventionen sind auf das Bildungsthema des Kindes aufgerichtet und stark mit einer Person verknüpft. Sie als Team planen im Voraus, welche Bildungsanlässe Sie für das

Kind alleine, aber auch für eine Interessensgruppe anbieten könnten. Zeitpunkt und Frequenz dieses Angebots sind klar festgelegt. Hinter dem Angebot steht eine klare Zielsetzung, die mit dem formulierten Bildungsziel des Kindes einhergeht. Die Verantwortlichkeit für die Umsetzung der Interventionen trägt jeweils eine Erzieherin. Wer welches Angebot plant, hängt auch davon ab, welche Kompetenzen die einzelnen Teammitglieder mitbringen.

Die geplanten Maßnahmen können sich dabei sehr unterscheiden. Es kann eine Interessens- oder Projektgruppe initiiert werden, eine Erzieherin kann ein bestimmtes Thema einführen und dann mit den Kindern weitere Schritte vereinbaren, oder sie sucht ein Schwerpunktthema aus, zu dem sich auch alle anderen Kinder melden können oder nicht.

Grundsätzlich gilt, dass die geplanten Maßnahmen ein Angebot sind, also freiwillig in Anspruch genommen werden können. Transparenz in der Ankündigung über Dauer, mögliche Inhalte und durchführende Erzieherin sind daher wesentlich für die Entscheidung eines Kindes für oder wider eines „Angebotpaketes". Zudem ist die Umsetzung der Planung immer ein Dialog zwischen Ihnen und den Kindern (auch ein sprachlicher Dialog). Die Reaktion der Kinder auf ein Angebot sollte daher immer Anlass zur Reflexion geben – Planung und Umsetzung müssen ständig überdacht und gegebenenfalls verändert werden.

Aufbauend auf das Bildungsziel gestaltet die pädagogische Fachkraft strukturierte Lern, Spiel oder Arbeitsaktivitäten.

Wie sieht die Umsetzung konkret aus? Wer ist wie, wo, für was verantwortlich?

Einführung in das Computerprogramm Ani-Paint [→ Julia S.]

Farb + Formen kochen — freies Angebot [→ Margareth   4x montags 8³⁰-9⁰⁰]

Künstlergruppe — Interessensangebot
- *Künstler besuchen*
- *Verschiedene Techniken ...*

[→ Ulrike jeden Do 10³⁰-11³⁰]

Elemente im pädagogischen Planungsprozess

Wichtig

In erster Linie planen Sie die Maßnahmen für das mit dem Planungskreislauf beobachtete Kind. Es ist allerdings nicht zwangsläufig so, dass das Kind die Maßnahmen „begeistert" annimmt.

Nimmt das Kind weder an Maßnahmen zum selbstorganisierten Lernen noch an strukturierten Angeboten teil, geben u. a. folgende Fragen Anlass zur Reflexion:

- Wollte das Kind die Angebote nur nicht wahrnehmen, weil die durchführende Erzieherin ihm nicht zusagte?

  Z. B.: Laura ist erst kurz im Kindergarten. Zur Sicherheit benötigt sie die Kinderpflegerin Marlene in ihrer Nähe. Sie hält sich vorwiegend in jenem Raum auf, welchen Marlene betreut und wählt auch die Angebote so aus, dass sie immer mit Marlene mitgehen kann. Laura nimmt daher ein für sie geplantes Interessenangebot zum Thema Pferde nicht wahr, da die Erzieherin Claudia dafür verantwortlich ist. Ihr Sicherheitsbedürfnis steht hier über ihrem Interesse.

- Wollte das Kind die Angebote nur nicht wahrnehmen, weil keiner seiner Freunde teilnahm oder andere soziale Interessen vorrangig waren?

  Z. B.: Jonas hat ein großes Interesse für Feuerwehr. Die Interessensgruppe beschäftigt sich schon über mehrere Einheiten mit dem Thema. Heute stünde ein Besuch in der Feuerwehrwache an. Jonas will nicht mitgehen, weil er intensiv mit Samuel und Lukas im Baubereich beschäftigt ist. Die beiden haben ihn heute zum ersten Mal als gleichwertigen Partner in ihr Spiel miteinbezogen. Jonas möchte seinen „Status" nicht aufs Spiel setzen und weigert sich, sich der Feuerwehrgruppe anzuschließen.

- Wollte das Kind die Angebote nur nicht wahrnehmen, weil der Lernzugang es nicht angesprochen hat?

  Z. B.: Das Team hat bei Rico eine engagierte Auseinandersetzung mit dem Thema „höher, schneller, weiter" festgestellt. Eine Erzieherin hat dazu das „Guinnessbuch der Rekorde" in den Bilderbuchbereich gelegt. Sie wartet darauf, dass Rico sich damit beschäftigt. Rico zeigt aber kein Interesse am Buch. Er ist ein Bewegungstalent und nimmt die Welt vorrangig durch den Einsatz seines Körpers wahr. Der visuelle Zugang zur Thematik über Bilder im Buch ist nichts für ihn.

- Wollte das Kind die Angebote nur nicht wahrnehmen, weil die Rahmenbedingungen nicht förderlich waren?

  Z. B.: Die strukturierten Bildungsangebote für Karla werden immer am Montag durchgeführt. Karla ist nach dem Wochenende, das sie einmal bei Mama, einmal bei Papa verbringt, damit beschäftigt, Stabilität in der alltäglichen Routine des Kindergartens zu finden. Sie wäre mit etwas Neuem überfordert und nimmt daher nicht an einem Angebot teil.

Es kann aber auch sein, dass niemand das Bildungsthema des Kindes erkannt hat. Das hätte zur Folge, dass Sie schon in der Konzipierungsphase einen falschen Weg eingeschlagen haben.

Theoretische Verankerung des Instruments

Evaluation

Der Begriff Evaluation kommt vom lateinischen Terminus „valere" und bedeutet in der Übersetzung „sach- und fachgerechte Bewertung". In vielen Einsatzbereichen ist Evaluation ein wichtiges Instrument, um Prozesse und Ergebnisse auf den Prüfstand zu nehmen und in der Folge weiterzuentwickeln. Dabei ist es wichtig, im Vorfeld nachvollziehbare Kriterien zu formulieren, auf deren Basis die Einschätzung erfolgt.

In der Pädagogik verwendet man den Begriff, um Prozesse oder Ergebnisse pädagogischer Interventionen methodisch zu erfassen und zu bewerten. Dabei wird eine Praxismaßnahme hinsichtlich ihrer Wirkung auf das Kind, auf die Gruppe oder die pädagogische Weiterentwicklung der gesamten Einrichtung beleuchtet. Ziel der Evaluation im Kindergarten ist es, Daten über mögliche Wirkungen zu erfassen und gesicherte Erkenntnisse über die Wirksamkeit der zielgerichteten pädagogischen Arbeit zu gewinnen.

Planungskreislauf konkret:

Der Planungskreislauf als Beobachtung- und Planungsinstrument schließt im vierten Schritt mit der Evaluierung ab. Dieser letzte Teil ist klar auf eine Überprüfung, der bis dato erfolgten Teilabschnitte zur Begleitung des Bildungsprozesses eines einzelnen Kindes, ausgerichtet.

Es handelt sich bei diesem abschließenden Element des Planungskreislaufes um eine Selbstevaluierung im engeren Sinn.

Die am Prozess beteiligten Erzieherinnen stellen sich nun der grundlegenden Frage, ob sie das Bildungsthema des Kindes erkannt haben oder nicht. Dabei dienen ihnen die Reaktionen des Kindes, ihre eigenen Reaktionen und die der der Eltern als Gradmesser. Auf der Basis untenstehender Fragen soll eine Einschätzung in Ja oder Nein erfolgen:

- Hat das Kind die selbstorganisierten oder strukturierten Lern-, Spiel- und Arbeitsanlässe angenommen?
- Hat es Fragen gestellt?
- Hat es neue Wege der Problemlösung gezeigt?
- Hat es sich engagiert?
- …

Da sich die geplanten Maßnahmen auf das für das Kind formulierte Bildungsziel aus den Rahmenrichtlinien stützen, dient auch dieses als Überprüfungsmaßstab. In der Fragestellung auf S. 4 des Arbeitsblattes: „Woran erkenne ich das?" (siehe S. 90), nehmen Sie daher klar Bezug zum Bildungsziel. Müssen Sie die Frage zum Erkennen des Bildungsthemas mit Nein beantworten, sollten Sie Ihre Erkenntnisse darüber im Sinne einer professionellen Weiterentwicklung aufschreiben. Neben Elementen zukünftiger Fehlervermeidung finden Sie in diesem Bereich des Arbeitsblattes auch noch die Frage: „Was ist mir trotzdem gelungen?"

2 Die Umsetzung des Planungskreislaufes in die Praxis

2.1 Methodenpool des Planungskreislaufes

Die Einzelbeobachtung

Beobachtungen müssen schriftlich festgehalten werden, denn nur, was als Text vorliegt, können Sie zur weiterführenden Planung von Interventionsmaßnahmen für ein Kind bzw. für Dokumentationszwecke verwenden.

Die Niederschrift der Beobachtung schließt aus, dass sich Einzelheiten in der Retrospektive verwischen, Ereignisse schöngefärbt werden oder in einem schlechteren Licht erscheinen, als sie sich zugetragen haben. Schriftliche Aufzeichnungen erlauben einen Abgleich zwischen aktuellen und zurückliegenden Beobachtungen. Enorm wichtig für die Qualität von Aufzeichnungen ist die möglichst präzise, wertfreie Beschreibung des Wahrgenommenen ohne Interpretation.

Folgende Tipps helfen bei der Umsetzung (vgl. Strätz 2005, 89):

◎ **den subjektiven Eindruck auf eine sichtbare bzw. hörbare Ebene bringen**
Vermeiden Sie Eigenschaftszuschreibungen! Beschreiben Sie stattdessen das gezeigte Verhalten des Kindes. Formulieren Sie so konkret wie möglich, um zu vermeiden, dass Elemente der Beobachtung als Eigenschaften des Kindes fehlinterpretiert werden.

> **Beispiel:**
> *Ein Kind, das die Anfrage ums Mitspielen eines anderen Kindes abweist, ist nicht „unkooperativ". Gehen Sie den Fragen nach, woran sich das Verhalten bzw. die Intention des Kindes erkennen lässt. Woran ist es zu sehen, bzw. zu hören? Es macht nämlich einen Unterschied, ob das fragende Kind laut und energisch abgewiesen wird, oder ob das spielende Kind in ruhigem Ton, aber bestimmt, erklärt, es möchte hier in Ruhe für sich alleine ungestört spielen.*

◎ **Gespräche bzw. Aussagen des Kindes wortgetreu wiedergeben**
Gespräche beinhalten viele Aussagen zum Kind selbst, zu seinen Beziehungen anderen gegenüber und geben Aufschluss, wie und worüber das Kind nachdenkt. Eine möglichst wortgetreue Wiedergabe ist daher wichtig. Damit es aber bezüglich der verbalen Inhalte nicht zu Fehlinterpretationen kommt, sollten Sie zu den sprachlichen Äußerungen auch noch Ihre Beobachtungen der Mimik, Gestik und Intonation vermerken.

> **Beispiel:**
> *Paul steht auf dem Spielplatz und wird von Tom angerempelt. Tom ruft schnell „Entschuldige!", zeigt ein bedauerndes Lächeln und hebt die Hände und Achseln.*
>
> *In Zusammenhang mit der beschriebenen Mimik und Gestik wird das Anrempeln als unabsichtlich wahrgenommen. Wäre die Zusatzinformation nicht da, gäbe es viel mehr Interpretationsspielraum bezüglich der Motive von Tom.*

Methodenpool des Planungskreislaufes

◎ treffende Begriffe verwenden und genaue Maßangaben machen

Oft beschreiben wir Verhalten nur mit einfachen, farblosen Begriffen. Das Verb „gehen" kann z. B. vielfältigste Bedeutungen beinhalten und somit in jedem Menschen andere Assoziationen wecken.

Synonyme zum Begriff „gehen":

- ◎ schleichen
- ◎ schlurfen
- ◎ einen Fuß vor den anderen setzen
- ◎ hinken
- ◎ stolpern
- ◎ tippeln
- ◎ hüpfen
- ◎ rennen
- ◎ laufen
- ◎ schreiten
- ◎ stolzieren

Je treffender eine Verhaltensbeschreibung ist, desto weniger Interpretationsspielraum entsteht für einen Außenstehenden, der die Beschreibung liest. Dasselbe gilt für Zeit- oder Größenangaben. „Lang" und „kurz" wird als Zeitangabe von jedem Menschen unterschiedlich wahrgenommen, hängt von der Tätigkeit ab und hat auch mit dem Alter des Kindes zu tun. Wird hingegen die genaue Minutenzahl vermerkt, so ist die Angabe eindeutig.

> **Beispiel:**
>
> *Es macht einen Unterschied, ob sich Lisa (2;5) zehn Minuten intensiv mit einem Puzzle beschäftigt, oder Karl (5;8). Für Lisa wäre die Beschäftigungsdauer als „lang" zu bezeichnen, bei Karl sind die Erwartungen bezüglich seiner Ausdauer andere.*

Ebenso brauchen Längenangaben einen Referenzrahmen. So kann man z. B. durch ein Foto die Größe eines Objektes abschätzen.

> **Beispiel:**
>
> *Ein als groß beschriebenes Bild, gemeinsam mit dem Kind fotografiert, bietet ein gutes Vergleichsmaß, ebenso gibt es Aufschluss über das verwendete Material. Ein 1,5 Meter hoher Turm mit kleinen Kaplanhölzern ist anders zu bewerten, als der ebenso 1,5 Meter hohe Turm mit großen Kartonbausteinen.*

Auch bei Reihungen und Extremen ist eine treffende Beschreibung notwendig. War das Kind das erste, zweite oder letzte Kind, welches ein bestimmtes Verhalten zeigte? War es vielleicht das einzige Kind, das eine Situation bewältigen konnte?

> **Beispiel:**
>
> *Marius (2;7) ist das erste Kind der Gruppe der unter Dreijährigen, der sich selbstständig anziehen kann. Anna (5;6) ist die Einzige, die sicher im Zahlenraum bis 20 rechnet.*

Die Umsetzung des Planungskreislaufes in die Praxis

◎ **das Geschehen als zeitliche Abfolgen schildern und keine Grundzuschreibungen machen**

Um eine Verhaltensbeobachtung in chronologischer Folge aufzuschreiben, können Sie Begriffe wie „nachdem", „unmittelbar", „während", „in weiterer Folge", verwenden. Vermeiden Sie aber die Konjugation „weil", da sie impliziert, dass das vorher Geschehene ein Grund für die folgende Situation ist, bzw. dass Sie wissen, warum das Kind etwas getan hat.

Was aber meist gar nicht stimmt. Soziale Situationen sind weitaus komplizierter und selten linear darzustellen. Von möglichen (wenn auch unbewussten) Grundzuschreibungen ist daher unbedingt abzusehen.

Zwei Forscher experimentieren gemeinsam.

◎ **eigene Kommentare kennzeichnen**

Für das nachträgliche Verstehen einer Situation ist es manchmal sinnvoll, eigene Kommentare, Deutungen oder Zusatzinformationen zu ergänzen. Dies ist dann zulässig, wenn sie sich klar von den Schilderungen des Geschehens unterscheiden, z. B. indem sie deutlich gekennzeichnet sind (Klammern setzen, eine andere Farbe verwenden).

Aus der Praxis:

Sandra hat schon seit zehn Minuten auf die Ankunft von Klara gewartet. Sie begrüßt diese, als sie den Gruppenraum betritt, und sagt: „Ich zeige dir heute, wo wir im Waschraum die Handtücher aufhängen, danach gehen wir gemeinsam in den roten Raum!" Klara (seit einer Woche neu in der Einrichtung) folgt Sandra.

Wichtig:

Beobachtungen zu verschriftlichen erfordert Übung – kein Meister ist vom Himmel gefallen! Unterstützen Sie sich dabei gegenseitig und geben Sie sich Rückmeldungen. Ein offener, konstruktiver Austausch im Team hilft, die eigenen Kompetenzen zu verbessern.

Methodenpool des Planungskreislaufes

Planungskreislauf konkret:

Das Beobachtungsblatt, das für die Situationsbeschreibungen für den Planungskreislauf verwendet wird, ist sehr einfach aufgebaut. Es setzt sich aus zwei Teilen zusammen:

Teil 1:

- Angaben zum Kind: Name, Alter, sonstige relevante Besonderheiten
- Beobachtete Situation: Wo fand die Beobachtung statt? Wer war noch anwesend?
- Name der päd. Fachkraft
- Datum und Uhrzeit der Beobachtung

Teil 2:

- Niederschrift der beobachteten Situation
- ggf. ein Foto als Erinnerungsstütze

SITUATIONSBEOBACHTUNG

Name des Kindes: _____
Was wurde beobachtet: _____
_____
Name der päd. FK: _____
Datum: _____
Zeit: _____

Beobachtungsbeschreibung:
_____

Foto

Die Umsetzung des Planungskreislaufes in die Praxis

Die Mindmap

Eine Mindmap dient laut ihrem Erfinder, dem Lernforscher Tony Buzan, der visuellen Darstellung eines Themengebietes (vgl. Buzan 2002, 25 ff.). Im Rahmen der Erstellung des Planungskreislaufes findet sie ihren Einsatz in der Dokumentation von unmittelbaren Beobachtungen eines Kindes, bzw., um Assoziationen, Erinnerungen, Empfindungen niederzuschreiben.

Ziel der Mindmap ist es, die vielen (auch schon vor dem Beobachtungszeitraum gewonnenen) Informationen zu einem Kind kompakt und strukturiert zusammenzufassen. Die Erstellung kann entweder systematisch erfolgen, indem schon Hauptthemen vorgegeben sind, oder auch ganz spontan von Kind zu Kind variieren.

Beispiele für Hauptthemen:
- Spielverhalten
- Verhalten gegenüber Erzieherinnen, Eltern, anderen Erwachsenen
- Umgang mit Material
- Spielpartner
- Verhalten in der Lerngemeinschaft
- Verhalten zu sich selbst
- Umgang mit Herausforderungen und Schwierigkeiten
- Ausdrucksweisen und Kommunikation
- besondere Eigenschaften

Eine Mindmap schafft Überblick und Struktur, ohne die Vielfalt der Gedanken zu beschneiden. Durch den sich über den gesamten Beobachtungszeitraum weiterentwickelnden Prozess werden Gedankenketten angestoßen und in der Regel eine Fülle an Assoziationen, Bildern, Erinnerungen, Empfindungen und Fragen zum beobachtenden Kind thematisiert.

Planungskreislauf konkret:

Das Grundprinzip der Mindmap ist einfach. Ausgehend von einem Thema in der Mitte des Papiers schreiben Sie Gedanken und Beobachtungen auf. Im Planungskreislauf steht dort der Name des zu beobachtenden Kindes oder es ist ein Foto des Kindes abgebildet. Durch das Visualisierungsverfahren ist es möglich, unterschiedlichste Wahrnehmungen abzugleichen und zu hinterfragen.

In der Mindmap werden lediglich Stichworte notiert.

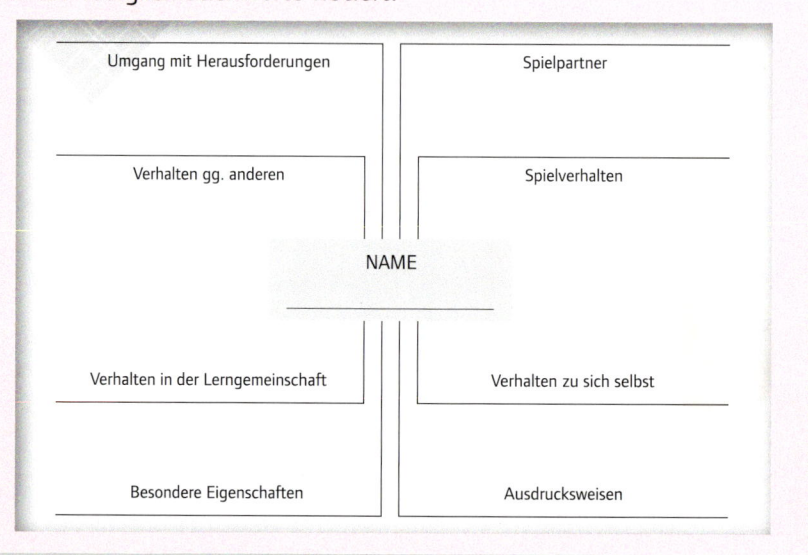

Umgang mit Herausforderungen	Spielpartner
Verhalten gg. anderen	Spielverhalten
NAME	
Verhalten in der Lerngemeinschaft	Verhalten zu sich selbst
Besondere Eigenschaften	Ausdrucksweisen

Methodenpool des Planungskreislaufes

Das Brainstorming

Das Brainstorming ist eine vom amerikanischen Werbefachmann Alex F. Osborn entwickelte Methode zur Ideenfindung (vgl. Backerra et al. 2007, 48 ff.). Haupteinsatzgebiet ist die Werbung. Verwendung findet das Brainstorming allerdings auch in anderen Fachgebieten. Durch die systematisierte Methode wird das unsystematische Suchen nach Ideen angeregt. Die Regeln des Brainstormings sollen helfen, Blockaden zu vermeiden und die Produktivität zu erhöhen.

Prinzip der Methode

Vorteile des Brainstormings:
- Abrufen unbewussten oder unbeachteten Wissens
- positives Denken und Ausschalten von Kritik
- heterogene Gruppe
- Kombinieren und Aufgreifen bereits geäußerter Ideen
- viele Ideen in kürzester Zeit (Zeitrahmen ca. 5 bis 30 Minuten) zusammentragen
- freies Assoziieren und Fantasieren

Bei einem Brainstorming sammeln die Erzieherinnen Ideen (Die Ideensammlung finden Sie auch als Kopiervorlage auf S. 93)

PLANUNGSKREISLAUF
Ideensammlung

Name des Kindes: _____   Datum: _____

Die Umsetzung des Planungskreislaufes in die Praxis

Verschiedene Organisationspläne

Beobachtungen müssen gezielt geplant werden. Im hektischen Alltag gerät so manches Vorhaben zugunsten aktueller und vermeidlich wichtigerer Anliegen ins Hintertreffen. Bei der Umsetzung des Planungskreislaufes ist die Planung der einzelnen Schritte in schriftlicher Form unumgänglich.

Organisations- und Maßnahmenpläne sind die Garantie dafür, dass klar ersichtlich ist, wer, bis wann, welche Aufgaben übernommen hat. Durch die Verschriftlichung ist eine klare Zuständigkeit festgelegt. Die verschiedenen Pläne bieten Orientierung und Entlastung gleichzeitig.

PLANUNGSKREISLAUF: Auswahl der Kinder

Beobachtungszeitraum: _____

Name des Kindes				
Hauptverantwortliche				
Unterstützende Fachkräfte	1. 2. 3. 4.	1. 2. 3. 4.	1. 2. 3. 4.	1. 2. 3. 4.

Datum der Erstellung der PLKs: _____

© 2016 Cornelsen Verlag GmbH, Berlin. Alle Rechte vorbehalten.

Hier stehen der Name des ausgewählten Kindes, die Namen der Fachkräfte, die den Planungskreislauf erstellen werden und die einzelnen Arbeitsschritte (Kopiervorlage im Anhang)

2.2 Das Arbeitsblatt

Das Arbeitsblatt (s. Kopiervorlage im Anhang) ist das Herzstück des Planungskreislaufes. Es wurde von einer Arbeitsgruppe des Kindergartensprengels Mühlbach entwickelt, von pädagogischen Fachkräften in der Praxis erprobt und in der aktuellen Form als praxistauglich bewertet. Es dient als „Fahrplan" für den fachlichen Austausch im Team und ist letztlich das Dokument, das alle Informationen zusammenfasst. Füllen Sie es mit Stichpunkten aus – Platz dafür ist ausreichend vorhanden.

Das DINA3-Format hat sich bewährt, da alle in der Vorphase gesammelten Unterlagen (ähnlich einem Folder) im Arbeitsblatt gesammelt und dann in der Akte des Kindes abgelegt werden können.

Die einzelnen Seiten sehen folgendermaßen aus:

Vorderseite

Die Vorderseite dient ausschließlich dem Überblick. Neben der grafischen Darstellung der vier Schritte ist hier Platz, den Namen des Kindes und das aktuelle Alter zu vermerken. Zudem können Sie das Datum der Erstellung des Planungskreislaufes und den Zeitpunkt der Evaluation notieren.

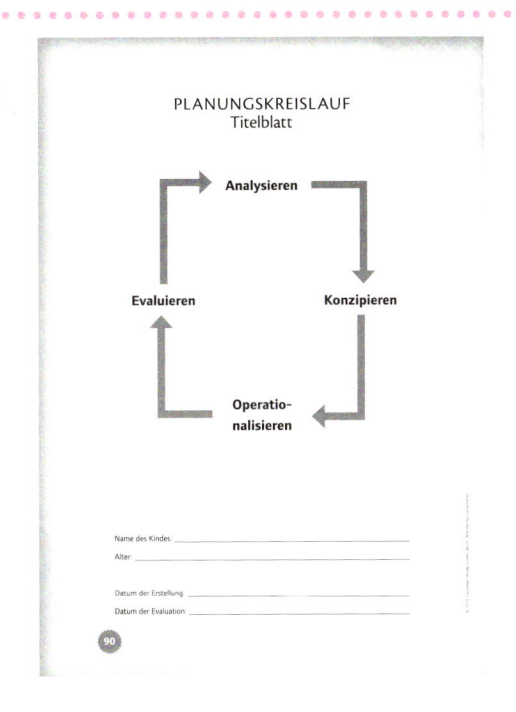

Innenseite

Die Innenseite beinhaltet die Schritte 1 bis 3. Die Trichterform wurde bewusst gewählt und hat eine symbolische Bedeutung: Die vielen Informationen zum Kind in der Beobachtungsphase werden über die Analysephase auf ein Bildungsthema reduziert.

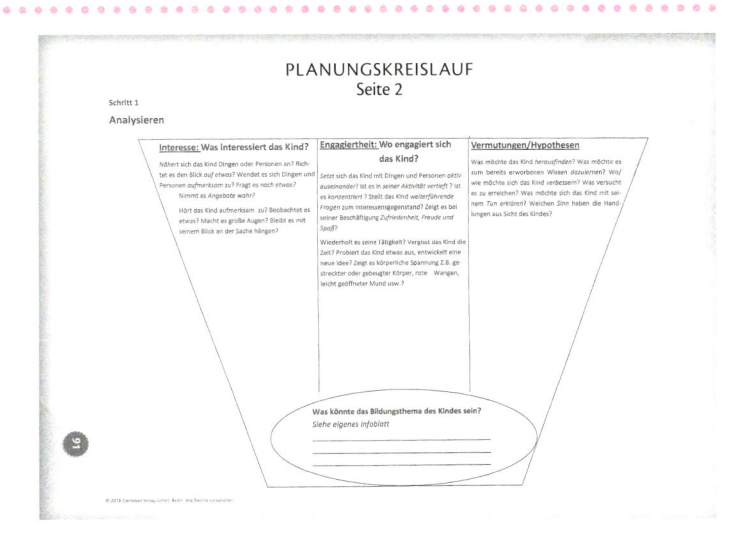

Die Umsetzung des Planungskreislaufes in die Praxis

Danach „weitet" sich der Horizont wieder. Mithilfe des Brainstormings sammelt man vielfältige Ideen und konkretisiert sie in Schritt 3.

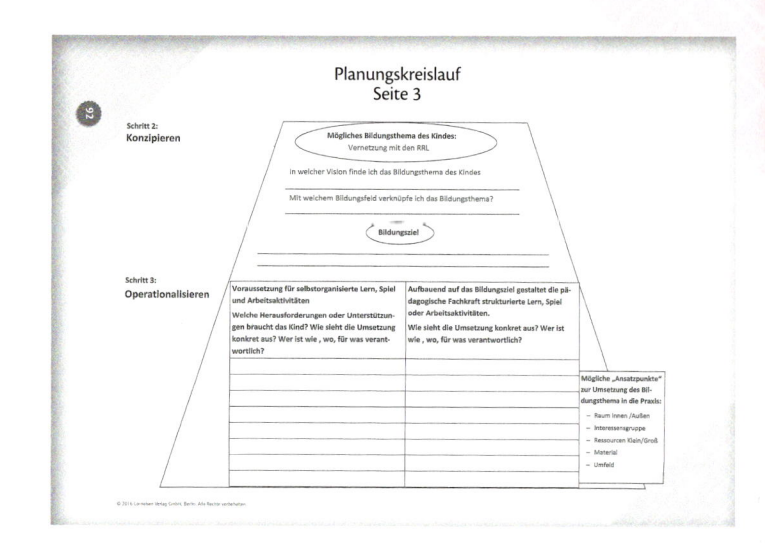

Die Rückseite

Die letzte Seite kommt in Schritt 4, der Evaluierung zum Einsatz. Sie dient der Überprüfung der Bewertung der bisherigen Arbeit. In den einzelnen Teilbereichen dienen relevante Fragestellungen dazu, ein schnelles und zielgerichtetes Ausfüllen zu erleichtern. In der Phase des Analysierens wird eine Dreiteilung im Arbeitsblatt vorgenommen. Eine schnelle Verknüpfung der zugrundeliegenden theoretischen Hintergründe zu den Lerndispositionen ist so möglich. Impulsfragen zu Interesse und Engagiertheit lehnen sich an den Beobachtungshinweisen zu diesen beiden Lerndispositionen an (vgl. Leu 2012, 60 ff.) und sollen die Unterscheidung herbeiführen. Im Teil Vermutungen/Hypothesen können Sie im Austausch Interpretationen zum Verhalten des Kindes generieren, welche unterstützend zur Formulierung des Bildungsthemas wirken können.

In der Phase der Operationalisierung unterstützen Fragen die Planung der Maßnahmen. Ein „Ideenpool" zeigt mögliche Ansatzpunkte auf.

Dasselbe Muster wiederholt sich im Schritt **Evaluierung.**

2.3 Die Durchführung eines Planungskreislaufes – Schritt für Schritt

Übersicht

		Wie lange?	Material
1	**Teamsitzung 1** Ziele: ◎ Nominierung des Kindes ◎ Vorbereitungen treffen ◎ Aufträge vergeben	5–10 Minuten	◎ Mindmap ◎ Situationsbeobachtungsblätter ◎ Organisationsplan
2	**Beobachtungsphase**	2 Wochen	
3	**Teamsitzung 2** Ziele: ◎ Erstellung des PLK ◎ (Schritt 1-3)	Max. 1 Stunde	◎ Arbeitsblatt PLK ◎ Situationsbeobachtungen ◎ Mindmap ◎ Vorlage: Ideensammlung (sonstige relevante Unterlagen siehe unten)
4	**Umsetzungsphase**	2–3 Wochen	
5	**Teamsitzung 3** Ziele: ◎ Überprüfung der Maßnahmen ◎ Evaluierung des PLK ◎ (Schritt 4)	5–15 Minuten	◎ Arbeitsblatt PLK ◎ Unterlagen für die Dokumentation

(PLK = Planungskreislauf)

Vor(bereitungs)phase

Ziel: Relevante Informationen und Beobachtungen zum Kind zusammentragen

Zeitraum: 2–3 Wochen

Kind auswählen

Je nach Anzahl der Teammitglieder werden Kinder vorgeschlagen und ausgewählt, für die ein Planungskreislauf erstellt werden soll. Es empfiehlt sich, in größeren Teams mehrere Planungskreisläufe parallel laufenzulassen.

Generell gilt die Faustregel: Drei bis maximal fünf pädagogische Fachkräfte liefern Einzelbeobachtungen für ein Kind und erstellen in der Folge den Planungskreislauf.

Die Umsetzung des Planungskreislaufes in die Praxis

PLANUNGSKREISLAUF: Auswahl der Kinder

Beobachtungszeitraum: 27.01.2014 – 07.02.2014

Name des Kindes	SIMON	MARIA	JARON	CAROLIN
Hauptverantwortliche	Anna	Sieprid	Julia R.	Alexandra
Unterstützende Fachkräfte	1. Ulrike	1. Martha	1. Silke	1. Verena
	2. Annalies	2. Johanna	2. Christa	2. Monika
	3. Sabine	3. Julia A.	3. Simone	3. Barbara
	4. /	4. /	4. Klara	4. /

Datum der Erstellung der PLKs: 10.02.2014   15:00–16:00

Das schriftliche Festhalten der Organisation verschafft Überblick

In dieser Auswahlphase nominiert das Team eine Hauptverantwortliche, die alle vorhandenen Daten zusammenträgt und den Planungskreislaufes erstellt. Sie notiert alle relevanten Erkenntnisse und koordiniert die geplanten Umsetzungsschritte der Operationalisierungsphase. Zudem legt sie den Termin für die Evaluierung fest. Sollte Ihre Einrichtung mit Stammgruppen arbeiten, ist die Verantwortliche idealerweise die Stammgruppenkindergärtnerin. Bei offenen Einrichtungen kann jene Erzieherin nominiert werden, die einen guten Kontakt zum Kind bzw. dem Elternhaus pflegt.

Teilen Sie drei bis vier pädagogische Fachkräfte für die Einzelbeobachtungen zu. Bei offenen Einrichtungen sollte berücksichtigt werden, in welchen Bereichen sich das Kind häufig aufhält und wer für diese Bereiche im Beobachtungszeitraum zuständig ist. Zudem müssen Sie berücksichtigen, welche Erzieherin Interventionsmaßnahmen übernehmen und umsetzen kann. Eine übersichtliche Planung in Anlehnung an andere Organisationspläne der Einrichtung ist hier erforderlich.

Legen Sie den Beobachtungszeitraum fest und bestimmen Sie den Termin für die Erstellung des Planungskreislaufes.

Wichtig:

Sollten mehrere Planungskreisläufe parallel laufen, muss die Leiterin die gleichen Beobachtungszeiträume für alle Arbeitsteams festsetzen. Sie kann dann im Rahmen einer Dienstbesprechung Zeit vorsehen, in der die Planungskreisläufe erstellt bzw. evaluiert werden.

Die Durchführung eines Planungskreislaufes – Schritt für Schritt

Mindmap vorbereiten

Für die Erstellung eignet sich am besten ein unliniertes Papier im Din A3-Format. Der Papierbogen wird an einem für alle Teammitglieder zugänglichen Ort an der Wand befestigt. Da sich alle pädagogischen Fachkräfte an der Erstellung der Mindmap beteiligen, wird jedem Teammitglied eine Farbe zugeordnet. Dadurch besteht die Möglichkeit für Rückfragen zu den einzelnen Notizen, bzw. es ist nachvollziehbar, wer welchen Text ergänzt hat.

Der Name des Kindes wird auf einem leeren Blatt oder die strukturierte Variante notiert und an einer, für alle Beteiligten zugängliche Stelle (vorzugsweise Personalraum) aufgehängt.

> **Wichtig:**
> Hängen Sie aus Datenschutzgründen das Blatt nicht für Unbeteiligte öffentlich sichtbar auf!

Ziel des Mindmaps ist es, die vielen Informationen und Beobachtungen zu einem Kind (auch schon vor dem Beobachtungszeitraum) kompakt zusammenzufassen. Durch das Visualisierungsverfahren ist es möglich, unterschiedlichste Wahrnehmungen abzugleichen und zu hinterfragen. Im Mindmap werden lediglich Stichworte notiert.

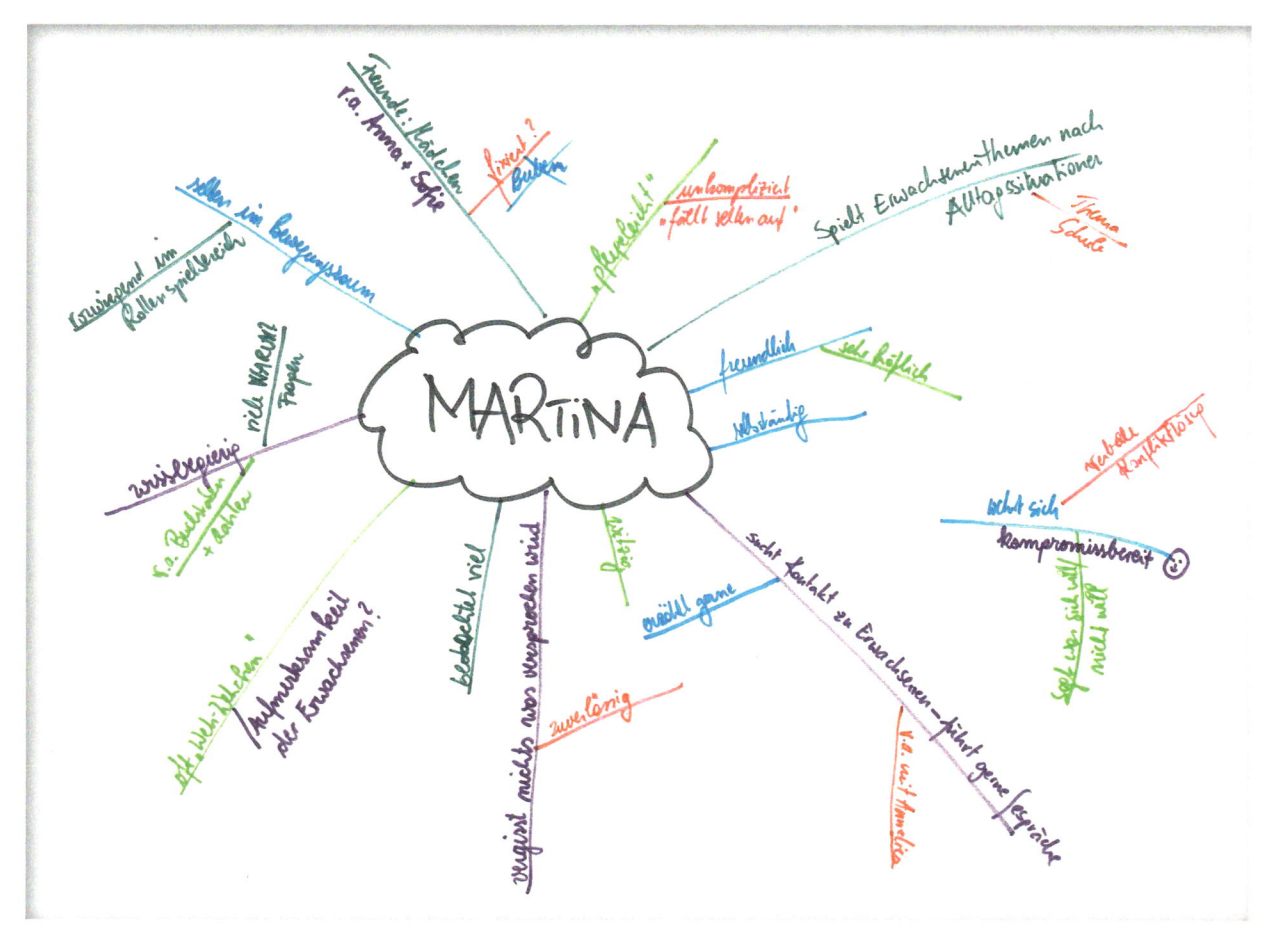

Die pädagogischen Fachkräfte verschriftlichen ihre Wahrnehmungen zum Kind Martina

Die Umsetzung des Planungskreislaufes in die Praxis

Weitere mögliche Informationsquellen der Vorphase

Die Vorphase hat zum Ziel, Informationen über das Kind zu sammeln, die es ermöglichen, seinem Bildungsthema auf die Spur zu kommen. Dazu sind die Situationsbeschreibungen und die Mindmap obligatorische Instrumente. In jeder Einrichtung gibt es aber noch eine Vielzahl von Dokumentationen zum Kind, die ebenso in die Analyse einfließen können.

Folgende Dokumente eignen sich als Informationsquellen:

- Entwicklungsraster (z. B. „Grenzsteine der Entwicklung", zur Erfassung des Entwicklungsstandes)
- Portfolios (aussagekräftige Entwicklungs- und Bildungsdokumentation)
- Werke, Skizzen und Zeichnungen des Kindes
- Fotos (Aufschlüsse darüber, wo sich das Kind häufig aufhält, welche Spielpartner es wählt, womit es sich vorrangig beschäftigt usw.)
- Checklisten (z. B. Namenslisten zu besuchten Räumen)
- Häufigkeitsauszählung (z. B. zu wahrgenommenen Angeboten oder Interessengruppen)
- Soziogramm (Aufschlüsse über die soziale Einbindung des Kindes)

Beobachtungsphase

Ziel: Relevante Informationen zum Kind sammeln

Zeitraum: 2 Wochen

Jede ausgewählte pädagogische Fachkraft hat den Auftrag, in den vorgesehenen Beobachtungswochen eine Spiel- oder Alltagssituation des Kindes festzuhalten. Die Beobachtung sollte maximal 15 Minuten dauern. Nach Möglichkeit sollte die Beobachtung durch ein Foto ergänzt werden, das als Erinnerungsstütze beim Austausch im Team dienen kann.

Wichtig:

Sprechen Sie sich im Team ab, damit Sie sich im Zeitraum der Situationsbeobachtung ausschließlich dieser Aufgabe widmen können. Dazu bedarf es einer guten Organisation. Sorgen Sie dafür, dass Sie nur im Notfall gestört werden – dies muss sowohl den Kindern als auch der jeweiligen Kollegin klar sein.

Beispiel:

In einem Team setzte sich die beobachtende Fachkraft immer einen besonderen Hut auf, der sie als „Beobachterin" auswies. In einer anderen Einrichtung stand vor der betreffenden Kollegin immer eine rote Karte als Zeichen für „STOPP". Manche Erzieherinnen haben einen nur für die Beobachtung reservierten Stuhl in der Gruppe stehen.

Die Durchführung eines Planungskreislaufes – Schritt für Schritt

SITUATIONSBEOBACHTUNG

Name des Kindes: MIRIAM 4;7 Jahre
Was wurde beobachtet: Arbeiten mit Tak-Tak

Name der päd. FK: Margareth
Datum: 10.12.2014
Zeit: 9:00 – 9:15

Beobachtungsbeschreibung:

Miriam sucht sich ein Tak-Tak-Gitter heraus. Sie schaut bei den Vorlagen nach – überlegt kurz, legt sie zur Seite. Sie beginnt mit dem Rand und legt ein Muster aus zwei Farben, indem sie diese immer abwechselt. Sie schaut mich kurz an und sagt: „Rot und Blau sind meine Lieblingsfarben!" Sie nimmt nach und nach einen Stein aus der Kiste, indem sie mit der linken Hand die Steine aussortiert und mit der rechten ins Gitter einsetzt. Bei der zweiten Reihe fragt sie: „Welche Farbe gefällt dir?" Antwort: „Ich habe gelb gerne." Sie nimmt gelb und sagt: „Weiß passt gut dazu!" Sie macht weiter nach demselben Prinzip. Bei der 3. Reihe sagt sie: „Ich nehm nur noch eine Farbe, das ist weniger anstrengend." Jetzt sucht sie sich gleichzeitig mehrere Steine einer Farbe heraus und legt sie ab. Miriam tritt außer mit mir mit keinem anderen Kind in Kontakt. Sie bleibt bei ihrer Aufgabe, bis das Gitter vollständig ausgefüllt ist (ab 3. Reihe nur noch einfärbige Reihen!). Als das Gitter fertig ist, sagt sie: „Puh, das war ash anstrengend – morgen zeige ich es meiner Mami". Miriam hat ca. 15 Minuten intensiv gearbeitet.

Beispiel einer Situationsbeobachtung

Die Umsetzung des Planungskreislaufes in die Praxis

Erstellen des Planungskreislaufes

Ziel: Bildungsthema des Kindes formulieren und weitere Lern- bzw. Bildungsaktivitäten planen

Zeitraum: 1 Stunde

Analysieren

Die Hauptverantwortliche für den Planungskreislauf setzt sich mit ihren drei bis vier Mitarbeiterinnen zusammen, um alle Informationen zusammenzutragen. Eine Mitarbeiterin fungiert als „Zeitwächterin".

Folgende Vorgehensweise hat sich bewährt:

Lesen Sie nacheinander Ihre Situationsbeobachtung laut vor und diskutieren Sie anschließend kurz darüber. Folgenden Fragen können dabei hilfreich sein:

- Haben Sie Ähnliches beobachtet? Was?
- Sind Sie überrascht von den Beobachtungen ihrer Kollegin? Warum?
- Decken sich die Beobachtungen mit den Notizen im Mindmap? Ja, nein, warum?
- Gibt es im Mindmap unterschiedliche Sichtweisen? Ja, nein, welche?
- Gibt es in Portfolio oder Entwicklungsraster bereits Belege, die sich mit den Situationsbeobachtungen decken? Ja, nein, welche?
- Gibt es Parallelen in den einzelnen Situationsbeobachtungen? Welche?

Mithilfe des Arbeitsblattes beantworten Sie die Fragen zu Interesse und Engagiertheit. Dazu notiert die Hauptverantwortliche Stichworte in den ersten beiden Feldern der Vorlage.

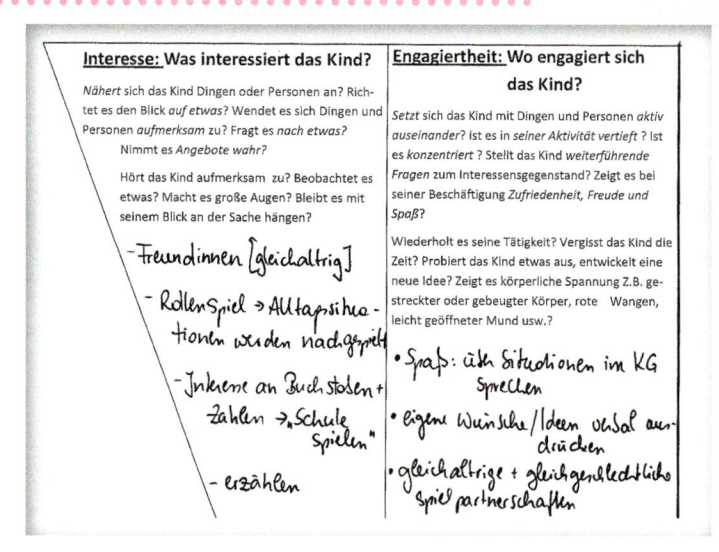

Erste Stichpunkte über beobachtetes Interesse und Engagiertheit

Im gemeinsamen Austausch formulieren Sie auf der Basis der schriftlichen Unterlagen Vermutungen und Hypothesen und notieren sie in Stichpunkten auf dem Arbeitsblatt.

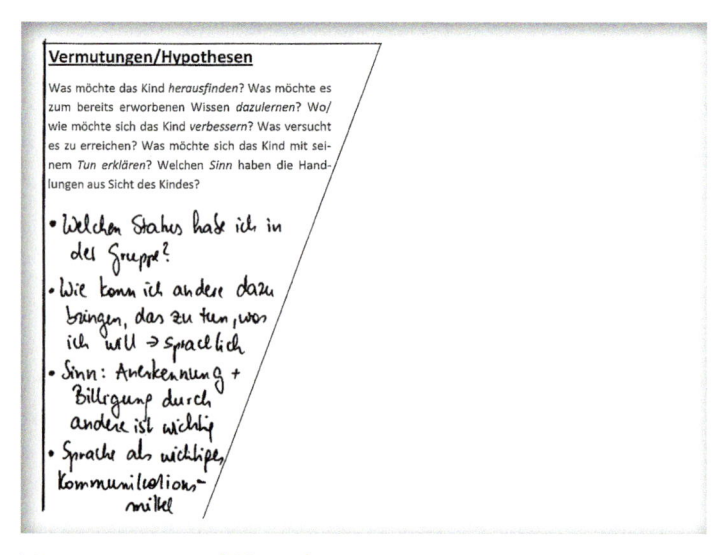

Vermutungen und Hypothesen ergänzen

Formulieren Sie das (mögliche) Bildungsthema des Kindes. Fassen Sie dafür die Notizen im Arbeitsblatt zusammen und suchen Sie nach dem „roten Faden" im Verhalten des Kindes. Um das Bildungsthema einzugrenzen, können Sie auch auf die Vorschläge zurückgreifen.

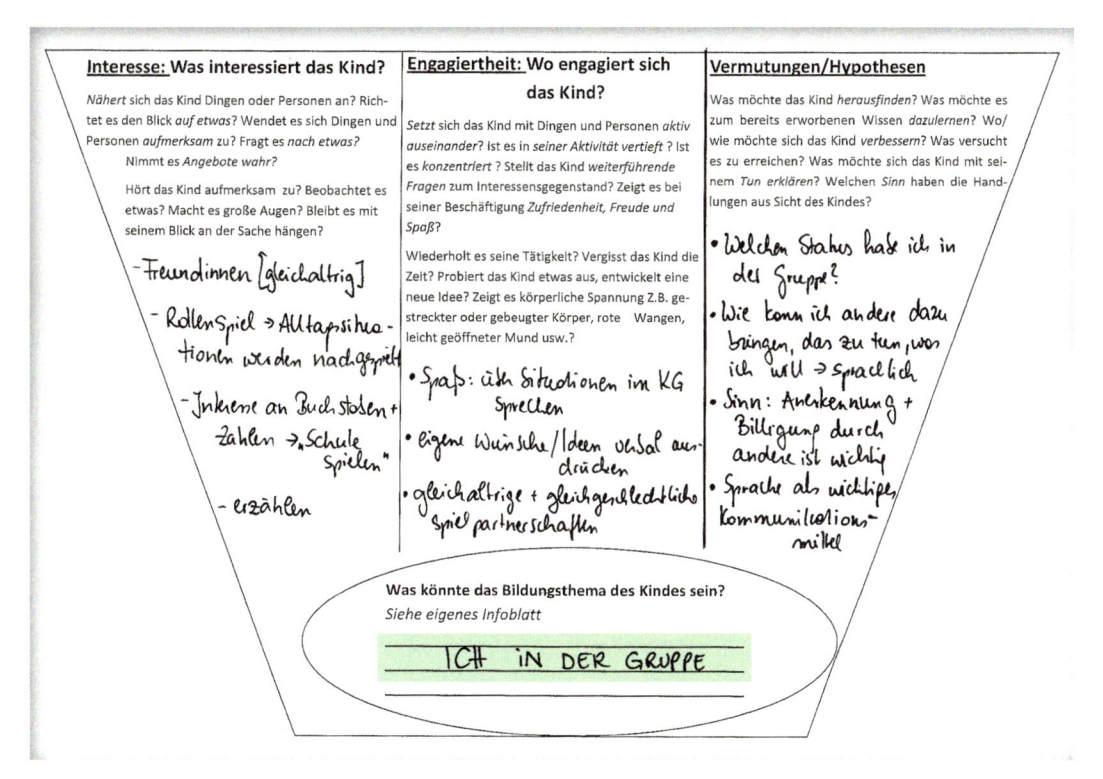

Die Durchführung eines Planungskreislaufes – Schritt für Schritt

Interesse: Was interessiert das Kind?	Engagiertheit: Wo engagiert sich das Kind?	Vermutungen/Hypothesen
Nähert sich das Kind Dingen oder Personen an? Richtet es den Blick *auf etwas*? Wendet es sich Dingen und Personen *aufmerksam* zu? Fragt es *nach etwas*? Nimmt es *Angebote* wahr? Hört das Kind aufmerksam zu? Beobachtet es etwas? Macht es große Augen? Bleibt es mit seinem Blick an der Sache hängen? – Freundinnen (gleichaltrig) – Rollenspiel → Alltagssituationen werden nachgespielt – Interesse an Buchstaben + Zahlen → „Schule spielen" – erzählen	*Setzt* sich das Kind mit Dingen und Personen *aktiv auseinander*? Ist es in *seiner Aktivität vertieft*? Ist es *konzentriert*? Stellt das Kind *weiterführende Fragen* zum Interessensgegenstand? Zeigt es bei seiner Beschäftigung *Zufriedenheit, Freude und Spaß*? Wiederholt es seine Tätigkeit? Vergisst das Kind die Zeit? Probiert das Kind etwas aus, entwickelt eine neue Idee? Zeigt es körperliche Spannung z.B. gestreckter oder gebeugter Körper, rote Wangen, leicht geöffneter Mund usw.? • Spaß: über Situationen im KG sprechen • eigene Wünsche/Ideen verbal ausdrücken • gleichaltrige + gleichgeschlechtliche Spielpartnerschaften	Was möchte das Kind *herausfinden*? Was möchte es zum bereits erworbenen Wissen *dazulernen*? Wo/wie möchte sich das Kind *verbessern*? Was versucht es zu erreichen? Was möchte das Kind mit seinem *Tun erklären*? Welchen *Sinn* haben die Handlungen aus Sicht des Kindes? • Welchen Status habe ich in der Gruppe? • Wie kann ich andere dazu bringen, das zu tun, was ich will → sprachlich • Sinn: Anerkennung + Billigung durch andere ist wichtig • Sprache als wichtiges Kommunikationsmittel

Was könnte das Bildungsthema des Kindes sein?
Siehe eigenes Infoblatt

ICH IN DER GRUPPE

Ganz unten steht das Bildungsthema des Kindes

Konzipieren

Ziel dieser Phase ist es, Bildungsziele festzulegen, indem das Bildungsthema des Kindes mit dem pädagogischen Auftrag, wie er in den Rahmenrichtlinien formuliert ist, verknüpft wird. Hier geht es darum, Ziele in Bildungsvisionen und Bildungsfeldern zu berücksichtigen und auf ihre Zumutbarkeit für das Kind zu überprüfen. Die in der Operationalisierungsphase geplanten pädagogischen Interventionen bekommen durch diesen Schritt eine Legitimation. Die formulierten Ziele dienen zudem in der Evaluation als Überprüfungsrichtlinien. Im Download-Bereich finden Sie eine **Übersicht über die Bildungsziele** der RRL als Arbeitshilfe.

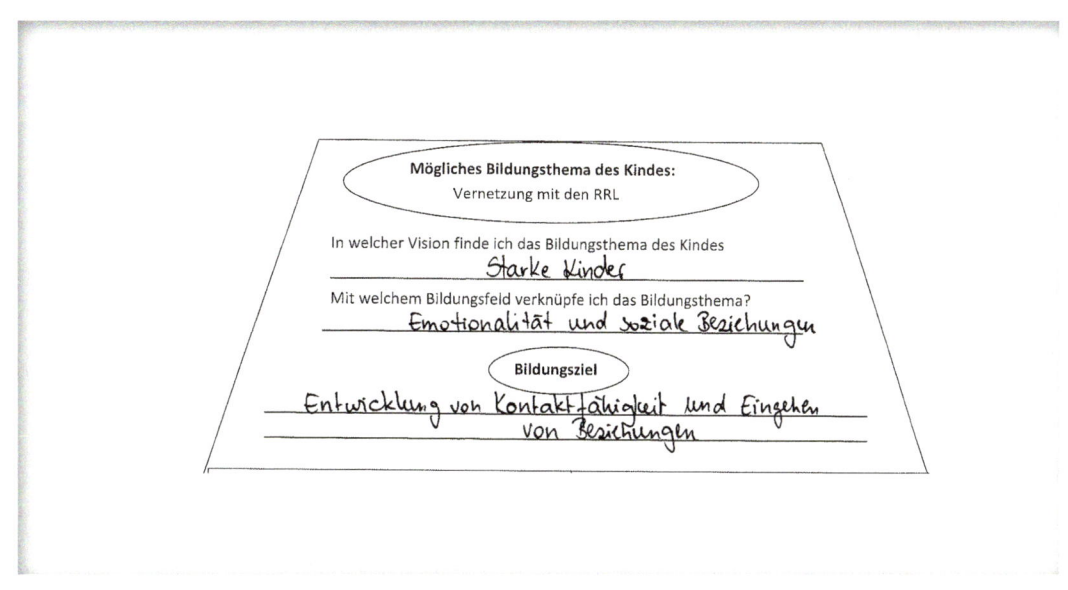

Mögliches Bildungsthema des Kindes:
Vernetzung mit den RRL

In welcher Vision finde ich das Bildungsthema des Kindes
Starke Kinder

Mit welchem Bildungsfeld verknüpfe ich das Bildungsthema?
Emotionalität und soziale Beziehungen

Bildungsziel
Entwicklung von Kontaktfähigkeit und Eingehen von Beziehungen

Aus dem Bildungsthema wird ein Bildungsziel abgeleitet

Die Umsetzung des Planungskreislaufes in die Praxis

Operationalisierung

Erstellen Sie mithilfe des Brainstormings eine Ideensammlung. Berücksichtigen Sie bei der Umsetzung zwei Schritte:

Ideen finden

Nennen Sie spontan Ideen und Vorschläge für pädagogische Interventionen. Im optimalen Fall inspirieren Sie sich gegenseitig und lassen untereinander Gesichtspunkte in neue Lösungsansätze und Ideen einfließen. Protokollieren Sie die Ideen in der Ideensammlung.

Ergebnisse sortieren und bewerten

Im Anschluss lesen Sie sämtliche Ideen vor und bewerten gemeinsam ihre Umsetzbarkeit. Treffen Sie eine sinnvolle Auswahl in Bezug auf das aktuelle Bildungsthema des Kindes. Unterscheiden Sie dabei zwischen Vorschlägen für Interventionen für selbstorganisiertes Lernen des Kindes und Vorschlägen für angeleitete Angebote.

Beispiel:

Dominik (5;6) arbeitet sehr engagiert im Atelier. Er versucht, seinem Bild von der Welt auf unterschiedlichsten Wegen Ausdruck zu verleihen. Die pädagogischen Fachkräfte haben für ihn das Bildungsthema „Lebensspuren hinterlassen" formuliert.

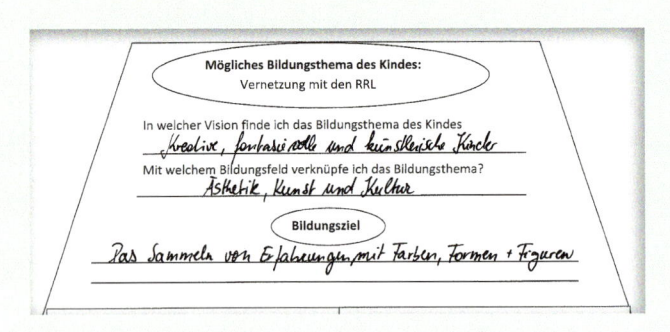

Mögliches Bildungsthema des Kindes: Vernetzung mit den RRL

In welcher Vision finde ich das Bildungsthema des Kindes: *kreative, fantasievolle und künstlerische Kinder*

Mit welchem Bildungsfeld verknüpfe ich das Bildungsthema? *Ästhetik, Kunst und Kultur*

Bildungsziel: *Das Sammeln von Erfahrungen mit Farben, Formen + Figuren*

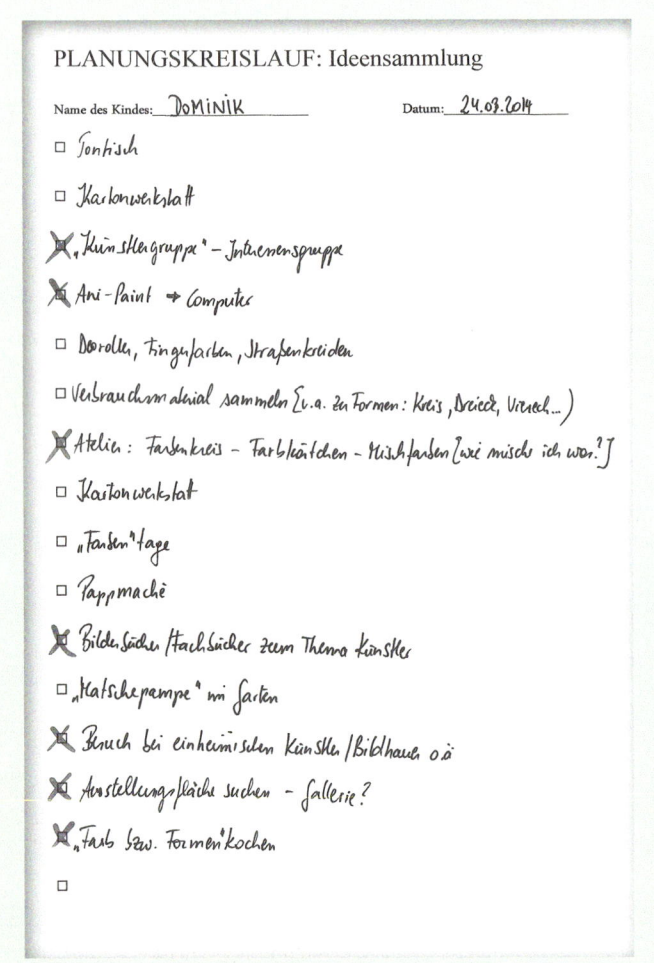

PLANUNGSKREISLAUF: Ideensammlung

Name des Kindes: DOMINIK   Datum: 24.03.2014

- ☐ Tontisch
- ☐ Kartonwerkstatt
- ☒ „Künstlergruppe" – Interessensgruppe
- ☒ Ani-Paint → Computer
- ☐ Dorollen, Fingerfarben, Straßenkreiden
- ☐ Verbrauchsmaterial sammeln (u.a. zu Formen: Kreis, Dreieck, Viereck...)
- ☒ Atelier: Farbenkreis – Farbkärtchen – Mischfarben (wie mische ich was?)
- ☐ Kartonwerkstatt
- ☐ „Farben"-Tage
- ☐ Pappmaché
- ☒ Bilderbücher/Fachbücher zum Thema Künstler
- ☐ „Matschepampe" im Garten
- ☒ Besuch bei einheimischen Künstler/Bildhauer o.ä.
- ☒ Ausstellungsfläche suchen – Gallerie?
- ☒ „Farb- bzw. Formen"kochen
- ☐

Das Team hat eine Ideensammlung zum Bildungsziel erstellt

Die Durchführung eines Planungskreislaufes – Schritt für Schritt

Wählen Sie die Umsetzungsschritte aus und teilen Sie sie gemäß der beiden Ansatzmöglichkeiten ein. Wählen Sie für jede geplante Intervention eine zuständige pädagogische Fachkraft aus und legen Sie den Zeitraum für die Umsetzung festgelegt.

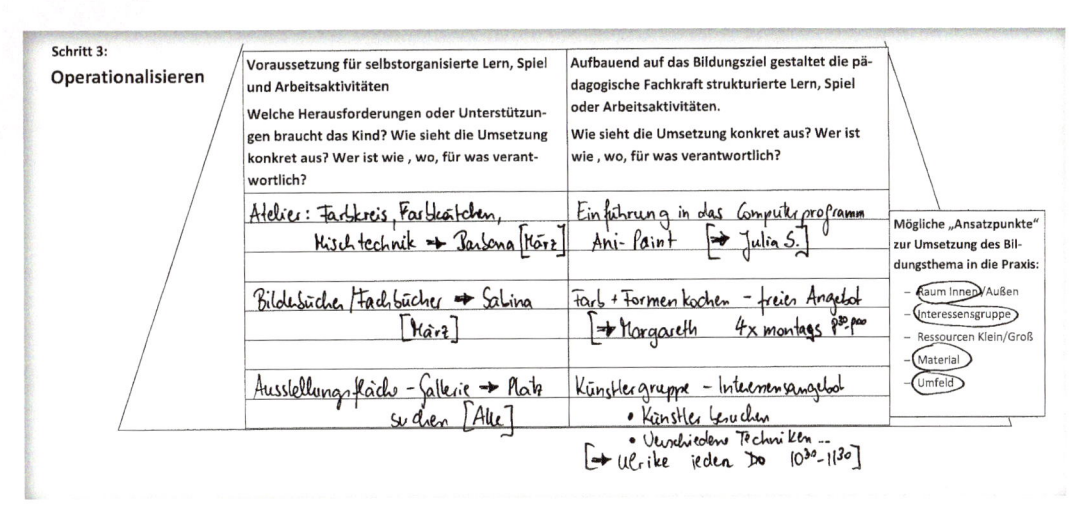

Maßnahmen, zuständige Fachkraft und Umsetzungszeitraum werden notiert

Umsetzungsphase

Ziel: Geplante Interventionen umsetzen

Zeitraum: 2–3 Wochen

In der Umsetzungsphase werden die geplanten Maßnahmen von den pädagogischen Fachkräften gemäß der Planung auf dem Arbeitsblatt umgesetzt.

Abschluss des Planungskreislaufes

Ziel: Überprüfung der Maßnahmen und Evaluierung des Prozesses

Zeit: 5–15 Minuten

Evaluierung

Nach erfolgter Operationalisierungsphase, bzw. nach ca. 3–4 Wochen erfolgt die Überprüfung des formulierten Bildungszieles mit dem letzten Schritt, der Evaluierung. Dabei dienen die Fragestellungen auf dem Arbeitsblatt als Unterstützung. Nun hinterfragen Sie, ob Sie aufmerksam genug waren, das Bildungsthema zu erkennen und notieren Ihre Schlussfolgerungen.

Antworten auf vorgegebene Fragen helfen, Rückschlüsse zu ziehen

Dokumentation

Bei der Erstellung des Planungskreislaufes werden Einzelbeobachtungen dokumentiert und Ergebnisse und Schlussfolgerungen zum Bildungsthema des Kindes auf dem Arbeitsblatt festgehalten. Diese Dokumente dienen aber in erster Linie dem fachlichen Austausch und in weiterer Folge der Planung weiterführender Schritte. Die Bildungs- und Lernprozesse müssen allerdings auch für das Kind transparent und nachvollziehbar sein. Es ist daher wesentlich, auch den Planungskreislauf für das Mädchen oder den Jungen sichtbar zu machen. Daher wird für den Prozess eine pädagogische Fachkraft nominiert (sofern nicht identisch mit der Hauptverantwortlichen), welche für die Dokumentation des Prozesses verantwortlich ist.

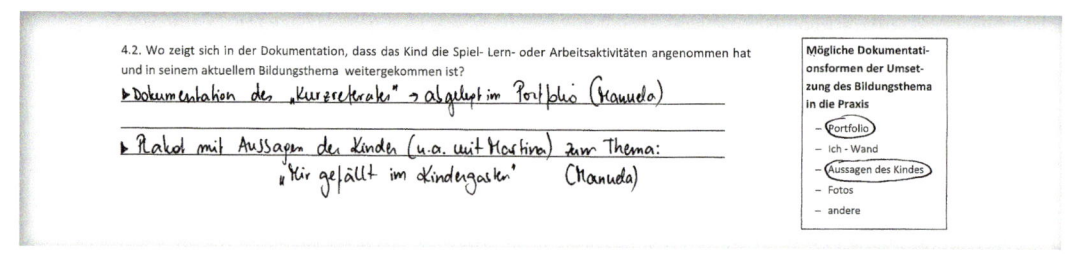

Eine Erzieherin ist für die Dokumentation zuständig und trägt alle Daten in das Blatt ein

Beispiele für Dokumentationsformen

Lerngeschichten

Im Zusammenhang mit der Erstellung eines Planungskreislaufes hat sich die Methode der Lerngeschichte als sehr brauchbares Instrument erwiesen, dem Kind eine zusammenfassende Rückmeldung zum durchlebten Prozess zu geben.

Das Verfahren des Planungskreislaufes an sich bietet schon verschiedene Elemente, die auch für die Erstellung von Lerngeschichten relevant sind:

- mehrere Einzelbeobachtungen als Grundlage (im PLK mindestens 3 in der Vorphase)
- Bezugnahme auf die Lerndispositionen (im PLK = Analysephase)
- Kollegialer Austausch (im PLK bei der Erstellung, Schritt 1 und 2)
- Planung nächster Schritte (im PLK = Schritt 3)

Die Durchführung eines Planungskreislaufes – Schritt für Schritt

Deine Lerngeschichte

Lieber Tommy!

In letzter Zeit haben wir dich mehrfach beobachtet und uns über das, was du machst ausgetauscht. Ich schreibe nun für dich auf, was uns allen aufgefallen ist:

Ich glaube, dass du im Moment großes Interesse an Maschinen hast. Am Morgen kannst du es kaum erwarten, bis dein Freund Florian da ist und ihr euch gemeinsam im Konstruktionsbereich beschäftigen könnt. Vor allem das Bauen mit Sonos gefällt dir am besten. In gemeinsamer Absprache habt ihr schon die unterschiedlichsten Maschinen gebaut. Dabei habe ich beobachtet, dass du meist eine klare Idee hast, die du mit deinem Freund besprichst. Gemeinsam versucht ihr sie umzusetzen. Dir ist es sehr wichtig, dass die Maschine am Ende auch funktioniert. Dabei lässt du dich nicht entmutigen, wenn es nicht gleich alles klappt. Du hast gelernt, dass du es sicherlich hinbekommst, wenn du dranbleibst.

Auch im Garten konnten wir beobachten, dass dich sehr für die Bauarbeiten am Nachbargrundstück interessierst. Dir fällt sofort auf, wenn neue Maschinen vorhanden sind. Du kannst auch einige beim Namen nennen und anderen Kindern ihre Funktion erklären. Du hast dir schon unterschiedliche Fachbücher im Kindergarten angeschaut- dabei warst du sehr konzentriert und hast dich nicht von anderen ablenken lassen. Auch von zu Hause hast du ein Buch mitgebracht und es gemeinsam mit Florian angeschaut. Dabei habt ihr euch ausgetauscht, welche Maschine wem am besten gefällt und warum. Auch ich konnte von dir sehr viel über Maschinen lernen.

Barbara

Eine ausgearbeitete und ganz persönliche Lerngeschichte für Tommy

Die Umsetzung des Planungskreislaufes in die Praxis

◎ Fotodokumentation

Vor allem Kindern, deren Sprachverständnis noch nicht weit genug entwickelt ist, um sich mit Texten auseinandersetzen zu können, bietet eine Fotodokumentation eine brauchbare Alternative. So können Sie z. B. mit jüngeren Kindern oder Kindern mit Migrationshintergrund Bildungsprozesse bildlich dokumentieren und anhand der Fotos mit ihnen diskutieren.

Die Fotodokumentationen können Sie im gesamten Kindergarten präsentieren. Vor allem durch eine „öffentliche" Ausstellung wird den Eltern das Thema Bildungsprozesse bewusst und die Arbeit in der Bildungsinstitution insgesamt transparent gemacht.

Name des Kindes: TOMMY

Thema: Ich setze zusammen

Fotoausstellungen können auch die Kinder „lesen"

◎ Portfolioeinträge

Im Prozess der Erstellung des Planungskreislaufes gibt es immer wieder Möglichkeiten, verschiedene schriftliche Dokumente für das Kind als Portfolioeintrag zu nutzen. Hier gilt es, im Sinne der Vernetzung, Elemente auch mehrfach zu verwenden. So können Sie z. B. die Einzelbeobachtungen, sofern diese nur Elemente zum beobachteten Kind beinhalten, als Kopien im Portfolio abgelegen. Auch die durchgeführten Maßnahmen im Operationalisierungsschritt, welche von den einzelnen pädagogischen Fachkräften für andere Zwecke dokumentiert werden, könnten Eingang ins Portfolio finden.

Die Durchführung eines Planungskreislaufes – Schritt für Schritt

Oktober 2013

Lieber Maxi!

Weil du sehr neugierig bist und du viele Fragen hast, haben wir gemeinsam viele deiner Fragen aufgeschrieben. Du hast versucht auf deine Fragen selbst eine Antwort zu finden und dann haben wir gemeinsam in Büchern und im Internet nachgeschaut und im Forscherbereich eine Wand damit gestaltet.

Außerdem hast du zusammen mit Andreas ein Plakat über Erdbeben gemacht und den anderen Kindern vorgestellt.

Mit deiner Neugier bereicherst du die Gruppe auf eine tolle Art und Weise, lieber Maxi!

Liebe Grüße Lydia und Karin

Portfolioeintrag für das Kind mit Gedanken der Fachkräfte und einem Foto zur Ausstellung

Die Umsetzung des Planungskreislaufes in die Praxis

2.4 Victorias Frage an die Welt – ein Praxisbeispiel

Victoria forscht mit Lupen

Vorgeschichte: Victoria besucht bereits das vierte Jahr den Kindergarten, wo sie sich sehr wohl fühlt. In der letzten Zeit ist dem Kindergartenteam ihr verstärktes Interesse an Naturwissenschaften aufgefallen. Dies äußerte sich durch ein vermehrtes Aufsuchen des Forscherbereiches. Zudem wurden in den letzten Monaten mehrmals Fragestellungen und Beiträge Victorias an der Dokumentationswand „Fragen der Kinder" notiert. Die Gedankengänge des Mädchens fanden einige pädagogische Fachkräfte sehr spannend, sodass sie in der Teambesprechung vorschlugen, für Victoria einen Planungskreislauf zu erstellen.

Das Team nominierte vier Erzieherinnen, die in den folgenden zwei Wochen eine Situationsbeobachtung bei unterschiedlichen Spiel- und Lernanlässen verschriftlichen sollten. Im Büro wurde zudem ein Blatt für eine Mindmap vorbereitet.

Nach dem vorgesehenen Beobachtungszeitraum trafen sich die zuständigen Erzieherinnen zur Erstellung des Planungskreislaufes. Jede stellte kurz ihre Situationsbeobachtung vor, danach analysierten sie die Mindmap. Zusätzlich griffen sie auf das Portfolio und einen Entwicklungsbeobachtungsbogen zurück.

Victorias Frage an die Welt – ein Praxisbeispiel

SITUATIONSBEOBACHTUNG

Name des Kindes: Victoria

Was wurde beobachtet: Forscherraum - Klassifizieren von Blumen

Name der päd. FK: Carmen
Datum: 06. Mai 2014
Zeit: 9:00 - 9:30

Beobachtungsbeschreibung:

Victoria kommt in den Forscherraum. Sie geht zum „Blumentisch". V.: „Oh, du hast heute wieder neue Blumen mitgebracht." Sie betrachtet die Blumen und benennt die ihr bekannten: „Flockenblume, Margerite...". Die Blumen, die sie nicht kennt, möchte sie gerne im Blumenlexikon nachschlagen. Sie geht dabei sehr systematisch vor: sucht zuerst nach der Farbe, schaut dann nach der Größe und Art der Blütenblätter. Sie findet die Blume im Buch: „Liest du mir bitte vor, wie die Blume heißt?" Päd. FK: „Windröschen". V.: „Oh cool, das kann ich mir leicht merken - zuerst WIND, dann ROSE". Sie wiederholt das Wort mehrmals. Eine Gruppe von Kindern kommt in den Raum. Victoria ruft sie zu sich und erklärt ihnen den Namen der Blume. „Wenn man einen Namen nicht weiß, kann man ihn hier nachschauen" - zeigt auf das Lexikon. Sie schlägt noch zwei Blumen nach.

P.S.: Am Nachmittag kann sie die 3 Blumennamen noch benennen.

Beobachtung 1: Victoria forscht

Die Umsetzung des Planungskreislaufes in die Praxis

SITUATIONSBEOBACHTUNG

Name des Kindes: Victoria

Was wurde beobachtet: Garten – Toter Schmetterling

Name der päd. FK: Jenina
Datum: 24. April 2014
Zeit: 13:00 – 13:30

Beobachtungsbeschreibung:

Die gesamte Gruppe befindet sich im Garten. Victoria findet einen toten Schmetterling. Sie bückt ihn zu mir. „Schau, der Schmetterling ist tot." Ein weiteres Mädchen kommt hinzu. „Ich glaube er wurde zertreten – Tobin ist Nils hier vorbeigelaufen!" Victoria formuliert eine weitere Erklärung: „Ich glaube, es ist erfroren. Heute Nacht war es sehr kalt und hier kann es sich nirgends verstecken." Die beiden Mädchen diskutieren über mögliche „Todesursachen". Victoria wiederholt mehrmals: „der Arme, jetzt kann er NIE mehr leben!" Es entsteht ein Gespräch über Leben und Tod. Die beiden Mädchen mutmaßen, was alles bereits tot ist. Victoria: „Ein Stein lebt nie, also kann er nicht sterben – der Gartenzaun ist auch tot, aber als er noch Baum war, da glaube ich hat er gelebt…" Ein drittes Mädchen kommt dazu – sie schlägt vor den Schmetterling zu begraben – die drei schaufeln ein Loch in die Sandkiste.

Beobachtung 2: Victoria im Garten

Victorias Frage an die Welt – ein Praxisbeispiel

SITUATIONSBEOBACHTUNG

Name des Kindes: Victoria
Was wurde beobachtet: Gespräch in der Kleingruppe zu mitgebrachtem Stein
Name der päd. FK: Andrea
Datum: 28. April 2014
Zeit: 8³⁰ – 9⁰⁰ Uhr

Beobachtungsbeschreibung:

Victoria kommt in den Gruppenraum und zeigt mir einen Stein. Sie erklärt: „Gestern war ich mit meiner Familie in einem Bergwerk und dort habe ich diesen Stein gekauft". Sie sieht eine Gruppe von Kindern im Legebereich und geht sofort dorthin. Sie zeigt allen den Stein und wiederholt mehrmals die vorherige Aussage. Sie reicht den Stein an die anderen Kinder weiter. Dann beginnt sie vom Ausflug zu erzählen. Zwei Kinder bleiben, eines geht weg. Sie berichtet von der Fahrt mit der Grubenbahn und gibt Erklärungen des Führers wieder. Die beiden Kinder hören zu. Dann erzählt sie von der Steinesammlung ihres Bruders. Sie nennt unterschiedliche Steinarten und beschreibt diese auch in Aussehen und Form. Victoria kommt zu mir: „Können wir im Internet die Steine suchen, A. und H. verstehen nicht, wie sie aussehen, wenn ich nur rede?" Ich schicke die drei zu Martina ins Büro.

→ Gemeinsam mit Martina googeln sie die unterschiedlichen Steine – Victoria gibt Erklärungen ab.

Beobachtung 3: Mein Stein

Die Umsetzung des Planungskreislaufes in die Praxis

SITUATIONSBEOBACHTUNG

Name des Kindes: **VICTORIA**

Was wurde beobachtet: **Baubereich - Arbeiten mit Geomax**

Name der päd. FK: **Kathi**

Datum: **30. April 2014**

Zeit: **8:00 - 8:45**

Beobachtungsbeschreibung:

Victoria geht nach der Begrüßung direkt in den Baubereich. Sie nimmt sich die Schachtel mit dem Geomax (seit Montag neu im Kindergarten). S. kommt hinzu. Victoria beginnt eine einfache geometrische Form zu bauen. Dabei begleitet sie ihr Tun sprachlich: „Immer ein Stäbchen, dann eine Kugel, sonst hält es nicht." - S. hört zu, sagt aber nichts. Victoria: „Hast du verstanden? Damit es „klebt" darf man nicht zwei Stäbchen zusammentun, die stoßen sich ab" - führt dies vor. Dann macht sie weiter. Sie erklärt erneut: „Weißt du, die Kugeln braucht man auch für die Ecken, denn wird es nicht nur gerade, sondern auch kantig." Danach holt sich Victoria eine Vorlage. Sie sucht sich eine Form aus: „Das mache ich jetzt". Sie geht nach Plan vor und bittet S. um Mithilfe. Victoria baut, S. reicht ihr die angeforderten Teile. Nach ca. 5 Minuten ist das Bauwerk fertig. V.: „So jetzt habe ich geschafft, ein bisschen anders als im Buch, aber so steht es auch!"

Beobachtung 4: Im Baubereich

Victorias Frage an die Welt – ein Praxisbeispiel

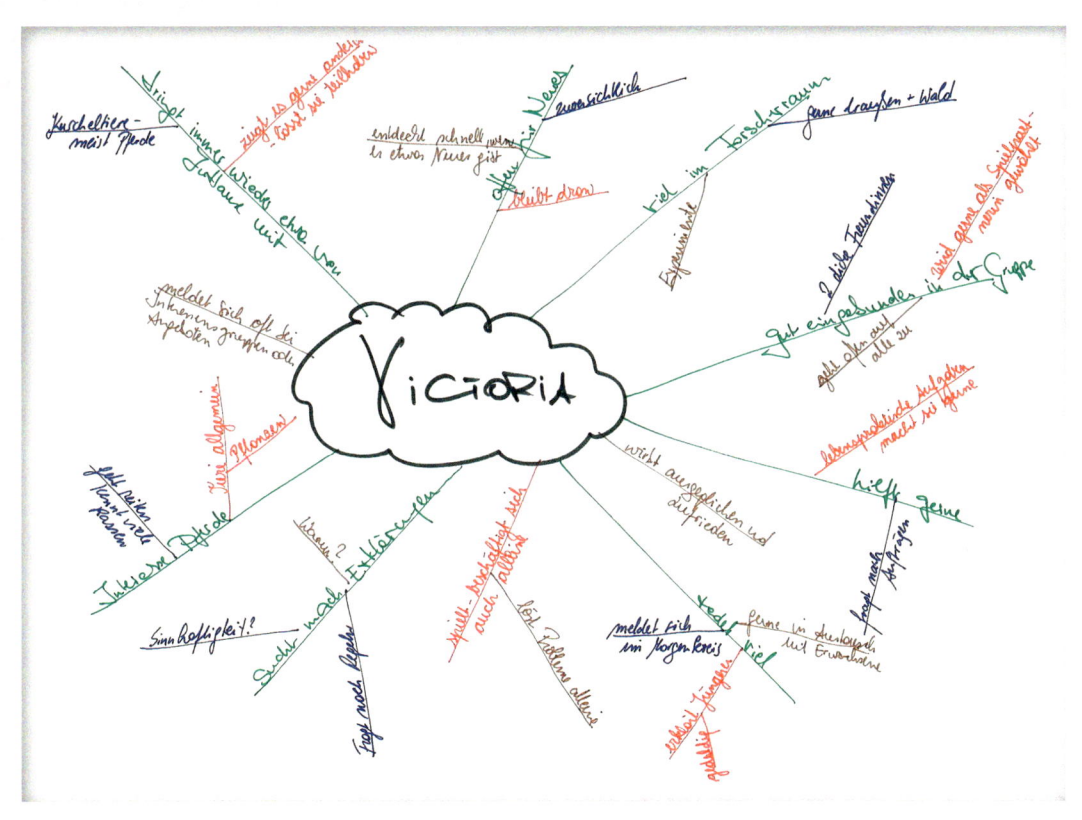

In einer Mindmap fließen Ideen zusammen

Auf der Grundlage der vielfältigen Informationen beantworteten die Erzieherinnen im Schritt 1 die Fragestellungen zu Interesse und Engagiertheit. Das Team erarbeitete Vermutungen und Hypothesen und einigten sich in der Diskussion auf das Bildungsthema: „Wie funktioniert meine Welt?"

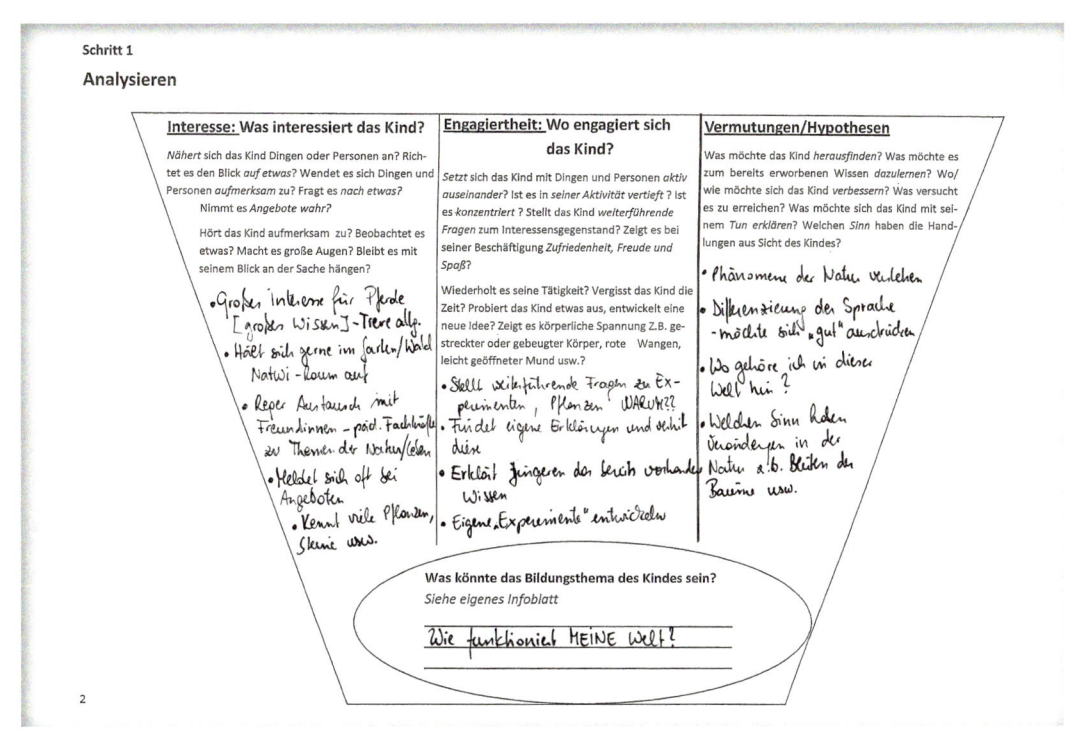

Das Thema hat sich herausgefiltert: „Wie funktioniert meine Welt?"

Die Umsetzung des Planungskreislaufes in die Praxis

Im zweiten Schritt vernetzten die Erzieherinnen die obige Fragestellung mit den Rahmenrichtlinien und wählte die Bildungsvision: „Lernende, forschende und entdeckungsfreudige Kinder" als Richtungsweiser aus. Im Bereich der Naturwissenschaften wurde „Sammeln von Erfahrungen in der unbelebten und belebten Natur", für Victoria als Lern- bzw. Bildungsziel deklariert.

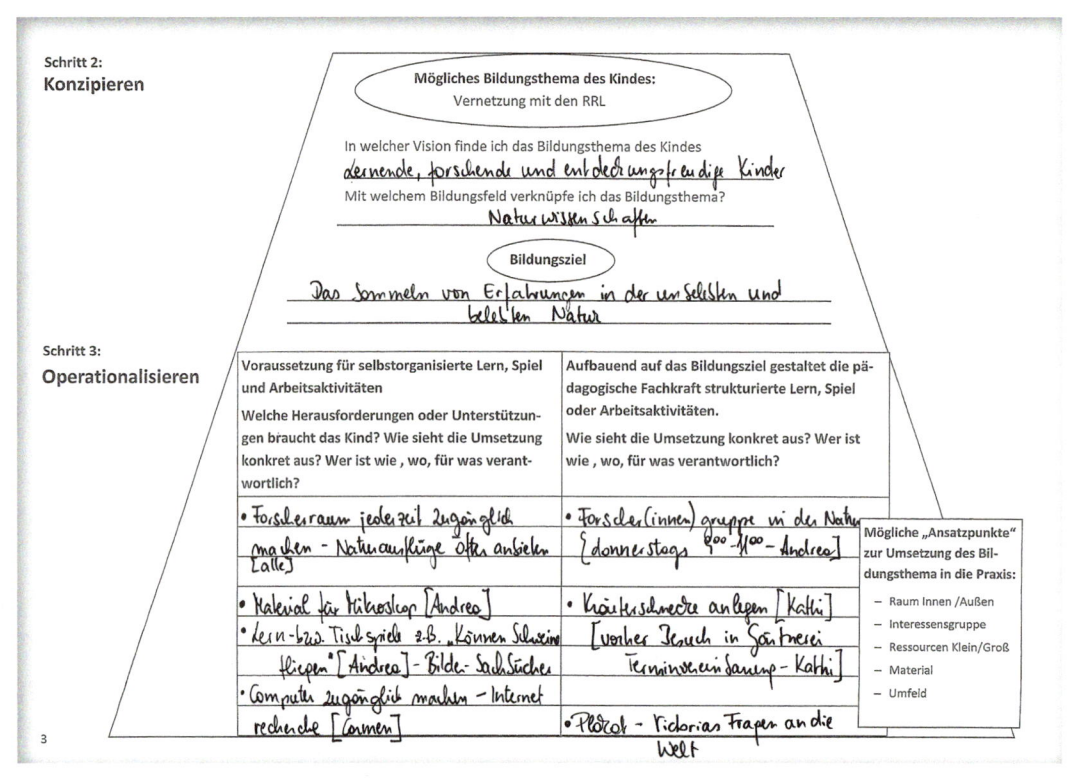

Schritt 2: Konzipieren

Mögliches Bildungsthema des Kindes: Vernetzung mit den RRL

In welcher Vision finde ich das Bildungsthema des Kindes: *lernende, forschende und entdeckungsfreudige Kinder*

Mit welchem Bildungsfeld verknüpfe ich das Bildungsthema? *Naturwissenschaften*

Bildungsziel: *Das Sammeln von Erfahrungen in der unbelebten und belebten Natur*

Schritt 3: Operationalisieren

Voraussetzung für selbstorganisierte Lern, Spiel und Arbeitsaktivitäten — Welche Herausforderungen oder Unterstützungen braucht das Kind? Wie sieht die Umsetzung konkret aus? Wer ist wie, wo, für was verantwortlich?	Aufbauend auf das Bildungsziel gestaltet die pädagogische Fachkraft strukturierte Lern, Spiel oder Arbeitsaktivitäten. — Wie sieht die Umsetzung konkret aus? Wer ist wie, wo, für was verantwortlich?
• Forscherraum jederzeit zugänglich machen – Naturausflüge öfter anbieten [alle]	• Forscher(innen)gruppe in der Natur [donnerstags 9:00–11:00 – Andrea]
• Material für Mikroskop [Andrea]	• Kräuterschnecke anlegen [Kathi] [vorher Besuch in Gärtnerei Terminvereinbarung – Kathi]
• Lern- bzw. Tischspiele z.B. „Können Schweine fliegen" [Andrea] – Bilder-Sachbücher	
• Computer zugänglich machen – Internetrecherche [Carmen]	• Plakat – Victorias Fragen an die Welt

Mögliche „Ansatzpunkte" zur Umsetzung des Bildungsthema in die Praxis:
– Raum Innen/Außen
– Interessensgruppe
– Ressourcen Klein/Groß
– Material
– Umfeld

Auch das Lern- und Bildungsziel steht nun fest

Nun machte sich das Team in einem Brainstorming Gedanken zu möglichen Impulsen für selbstorganisierte Lern-, Spiel und Arbeitsaktivitäten sowie für Interventionsmaßnahmen der pädagogischen Fachkräfte.

PLANUNGSKREISLAUF: Ideensammlung

Name des Kindes: Victoria Datum: 8. Mai 2014

- Forscherraum jederzeit offen
- Außengelände immer zugänglich
- Material zum Mikroskopieren
- Experimentierbereich erweitern [belebte Natur]
- Morgenkreis – immer wieder dran vorstellen lassen
- Experten formulieren → z.B. Blumen vorstellen lassen
- Naturmandala im Wald
- Besuch Naturmuseum
- Forschergruppe – Thema Steine, Blumen, Insekten
- Fachbücher – Internetrecherche
- Plakat: Victorias Fragen an die Welt
- Besuch Gärtnerei → eigenes Gartenbeet
- Beobachtungslupen ankaufen
- Bildkärtchen für Sprachbereich
- Gespräche mit päd. FK → Co-Konstruktion
- Lern-/Tischspiele z.B. Können Schweine fliegen

Ideen stehen als Stichpunkte auf der Liste

Victorias Frage an die Welt – ein Praxisbeispiel

Sie einigten sich auf eine Auswahl in beiden Bereichen, die sie durch einen Zeitplan und klare Aufgabenzuteilung festlegten. Die Maßnahmen wurden in den nächsten Wochen umgesetzt und dokumentiert.

In einer zweiten Besprechung evaluierten die Erzieherinnen den bisher verlaufenen Planungskreislauf. Hier ging es vorrangig darum, zu ermitteln, ob das angenommene Bildungsthema des Kindes erkannt wurde und wie das Kind die Spiel-, Lern- und Arbeitsaktivitäten in Bildungsprozessen nutzen konnte.

Schritt 4: Evaluieren

An den Reaktionen der Kinder, pädagogischen Fachkräfte oder der Eltern (Fragen stellen, Wege der Problemlösung, Nutzung der selbstorganisierten oder strukturierten Lern- Spiel- oder Arbeitsaktivitäten,...) **kann die pädagogische Fachkraft erkennen, ob sie aufmerksam genug war, das aktuelle Bildungsthema des Kindes richtig zu interpretieren.**

4.1. Habe ich das aktuelle Bildungsthema des Kindes erkannt?

☒ Ja

Woran erkenne ich das?

Die Operationalisierungsschritte wurden gut angenommen (v.a. Forscherinnengruppe + Plakat) – nach wie vor sind Fragen zur Nahen/ Umwelt vorrangig + es kommen noch Fragen zum Sinn des Daseins (philosophische Fragen) dazu

☐ Nein

Welche Schlüsse ziehe ich daraus? Was ist mir trotzdem gelungen? Wo werde ich zukünftig mehr darauf achten?

_____

4.2. Wo zeigt sich in der Dokumentation, dass das Kind die Spiel- Lern- oder Arbeitsaktivitäten angenommen hat und in seinem aktuellem Bildungsthema weitergekommen ist?

- *Plakat wurde gestaltet + ausgestellt*
- *Einstieg ins P. aus Forscherinnengruppe*

Mögliche Dokumentationsformen der Umsetzung des Bildungsthemas in die Praxis
– ⟨Portfolio⟩
– ⟨Ich - Wand⟩
– Aussagen des Kindes
– Fotos
– andere

Wurde das Bildungsthema erkannt?

Den Prozess dokumentierte das Team für und mit Victoria im Portfolio. Aussagen ihres Bildungsthemas notierten sie fortlaufend auf der „Ich-Wand".

Interessengruppe: KRÄUTER-SCHNECKE

Teilnehmende Kinder:
Magdalena, Anna Iris, Nina, Sophia, Victoria

Zeitraum:
April/Mai 2014

Beschreibung:
Beim Besuch in der Gärtnerei haben wir Kräuterpflanzen geschenkt bekommen. Gemeinsam haben wir im Garten eine Kräuterschnecke angelegt.

Päd. Fachkraft:
Kathi

Das sagt Victoria:

Mir hat der Besuch in der Gärtnerei gefallen. Ich kennen viele Kräuter: Basilikum, Petersilie, Lavendel, Melisse...Ich kann sie am Geruch erkennen- sie duften alle anders.
Die Kräuterschnecke anzulegen war viel Arbeit- wir dürfen das Gießen nicht vergessen!

Ein Portfolioeintrag zur Interessengruppe: Kräuter-Schnecke

2.5 Stolpersteine

Um mit dem Planungskreislauf arbeiten zu können, bedarf es zuerst einer fundierten Auseinandersetzung mit dessen theoretischen Grundlagen und in zweiter Linie etwas Übung. Untenstehende Fragen entstanden in der Umsetzungs- und Einarbeitungsphase in das Verfahren im Kindergartensprengel Mühlbach. Die Sammlung ist als Unterstützung für die Praxis gedacht und erhebt keinen Anspruch auf Vollständigkeit.

Was passiert, wenn ich in den 2–3 Wochen keine Situationsbeobachtung machen konnte?

Sofern nur eine Beobachtung fehlt, Sie das Kind aber schon länger kennen, können Sie gemeinsam versuchen, dem Bildungsthema dennoch auf die Spur zu kommen. Dabei sollten Sie nochmals auf die anderen relevanten Informationsquellen zurückgreifen (Mindmap, Portfolio, Entwicklungsraster usw.).

Was tun, wenn das ausgewählte Kind krank wird?

Sollte es sich um eine längere Krankheitsphase während der Vorphase handeln, dann empfiehlt es sich den Planungskreislauf (vorerst) nicht zu erstellen. Zu einem späteren Zeitpunkt muss das Team gemeinsam entscheiden, ob der Planungskreislauf abgebrochen oder nach Genesung des Kindes weiter fortgesetzt wird.

Was passiert, wenn ich das Bildungsthema des Kindes nicht treffe?

Das Formulieren eines Bildungsthemas erfordert Erfahrung und ist nicht immer leicht. Allein schon die intensive Auseinandersetzung mit dem einzelnen Kind birgt für dieses schon einen „Mehrwert". Sie können das Kind besser und auch anders kennenlernen und dem Kind im Zeitraum des Planungskreislaufes große Aufmerksamkeit schenken. Liegen Sie mit einem Bildungsthema daneben oder „greifen" die angedachten Maßnahmen nicht wie geplant, so müssen Sie in der Evaluierungsphase genau reflektieren, wo ein anderer Weg besser gewesen wäre. Die daraus gewonnenen Erkenntnisse können für einen weiteren Planungskreislauf hilfreich sein.

Aufgrund des Aufwands ist es nicht möglich, bzw. auch nicht nötig den Planungskreislauf für das bereits besprochene Kind zu wiederholen.

Was passiert, wenn ich die Maßnahmen von Schritt 3 noch nicht abgeschlossen habe, die Evaluierung aber bereits ansteht?

Viele Maßnahmen werden sich über längere Zeiträume erstrecken als der Zeitpunkt von Schritt 4. Dieser dient in erster Linie einer „Grobüberprüfung". Greifen die Maßnahmen für das Kind, arbeitete es intensiv an seinem Bildungsthema weiter? Überprüfen Sie geplante Maßnahmen kurz und führen Sie sie weiter, sofern das Kind sie annimmt. Falls nötig, nehmen Sie kleine Änderungen vor.

Die Umsetzung des Planungskreislaufes in die Praxis

Wird das Arbeitsblatt den Eltern übergeben?

Das Arbeitsblatt dient lediglich als Arbeitsinstrument für Sie im Team anhand dessen Sie die weitere Bildungsarbeit für das Kind planen. Da die Eltern das Instrument und seine Umsetzung nicht kennen, ist es nutzlos, ihnen das Arbeitsblatt zu zeigen. Dem Kind und den Eltern gewähren Sie anhand der Dokumentation Einblicke in die Bildungsarbeit, die Sie mithilfe des Planungskreislaufes umgesetzt haben (z. B. Portfolioeinträge).

Was tun, wenn das Bildungsthema mehrere Bildungsfelder antippt?

Hier gilt es, eine Auswahl zu treffen und sich auf ein Bildungsziel zu einigen. Da alle Bildungsfelder untereinander vernetzt sind, müssen Sie, in der Operationalisierungsphase darauf achten, die Maßnahmen entsprechend übergreifend zu planen.

Was tun, wenn kein Bildungsthema erkennbar ist?

Nicht immer ist der „rote Faden" auf Anhieb ersichtlich. Geben Sie sich nochmals Zeit für die Beantwortung der Fragen in Schritt 2; vor allem der Bereich Engagiertheit gibt manchmal den Ausschlag. Nehmen Sie das Blatt mit der Ideensammlung und diskutieren Sie, welches Thema das Kind momentan beschäftigen könnte. Entscheiden Sie sich für ein Thema und wagen Sie einfach die Weiterarbeit.

Wir sind eine Einrichtung mit nur zwei Mitarbeiterinnen, wie erstellen wir den PLK?

Im Grunde verläuft der Ablauf gleich. Da allerdings drei bis vier Situationsbeobachtungen notwendig sind, müsste in diesem Falle jede pädagogische Fachkraft zwei Beobachtungen durchführen.

Ich finde keine geeignete Beobachtungssituation!

Manche Erzieherin wartet mit der Beobachtung bis in ihren Augen etwas Aufregendes, Aussagekräftiges beim Kind passiert. Warten Sie allerdings nicht auf den „großen Wurf", sondern notieren Sie, was momentan passiert. Planen Sie auch im Team ihre Beobachtungen, damit Sie sich in den 10–15 Minuten ausschließlich auf Ihre Aufgabe konzentrieren können. Es gibt unterschiedlichste Situationen, die beobachtungswürdig sind. So lassen sich im Freigelände, beim Mittagessen, in der Ankunfts- und Abholzeit oft die interessantesten Situationen beobachten.

Versunken im eigenen Tun

Anhang

Kopiervorlagen als Arbeitshilfen

- Planungskreislauf: Auswahl der Kinder
- Arbeitsblatt: Planungskreislauf
- Situationsbeobachtung
- Strukturierte Mindmap
- Planungskreislauf: Ideensammlung
- Übersicht Bildungsziele (nur als Download)

Alle Kopiervorlagen können Sie im Internet auf unserer Webseite www.cornelsen.de finden. Geben Sie hierfür die **ISBN-Nummer** Ihres Titels im **Suchfeld** ein und klicken Sie auf das im Fenster erscheinende Cover. Hier finden Sie im linken Navigationsbereich den Reiter **Download,** wo Sie die Materialien abrufen können.

PLANUNGSKREISLAUF: Auswahl der Kinder

Beobachtungszeitraum: _____

Name des Kindes				
Hauptverantwortliche				
Unterstützende Fachkräfte	1. 2. 3. 4.	1. 2. 3. 4.	1. 2. 3. 4.	1. 2. 3. 4.

Datum der Erstellung der PLKs: _____

PLANUNGSKREISLAUF
Titelblatt

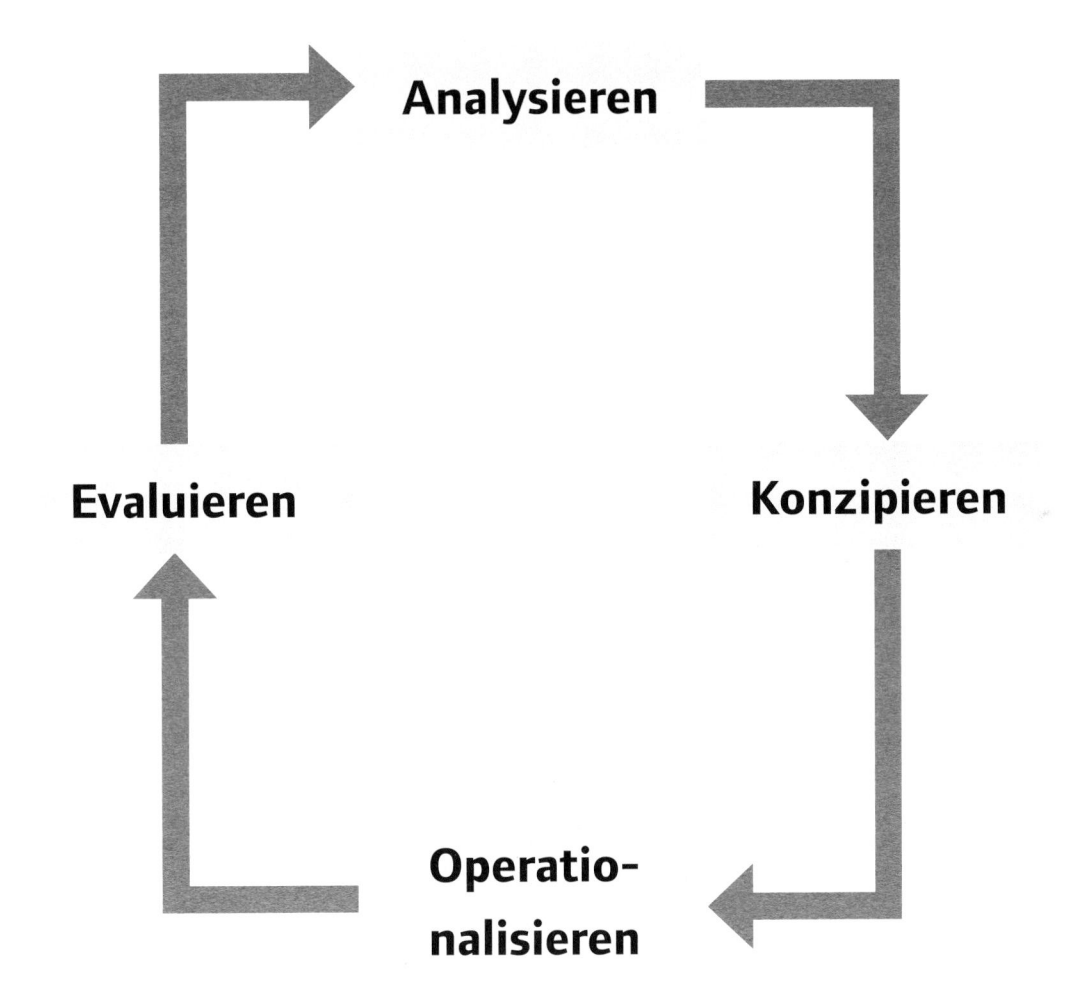

Analysieren → Konzipieren → Operationalisieren → Evaluieren → Analysieren

Name des Kindes: _____

Alter: _____

Datum der Erstellung: _____

Datum der Evaluation: _____

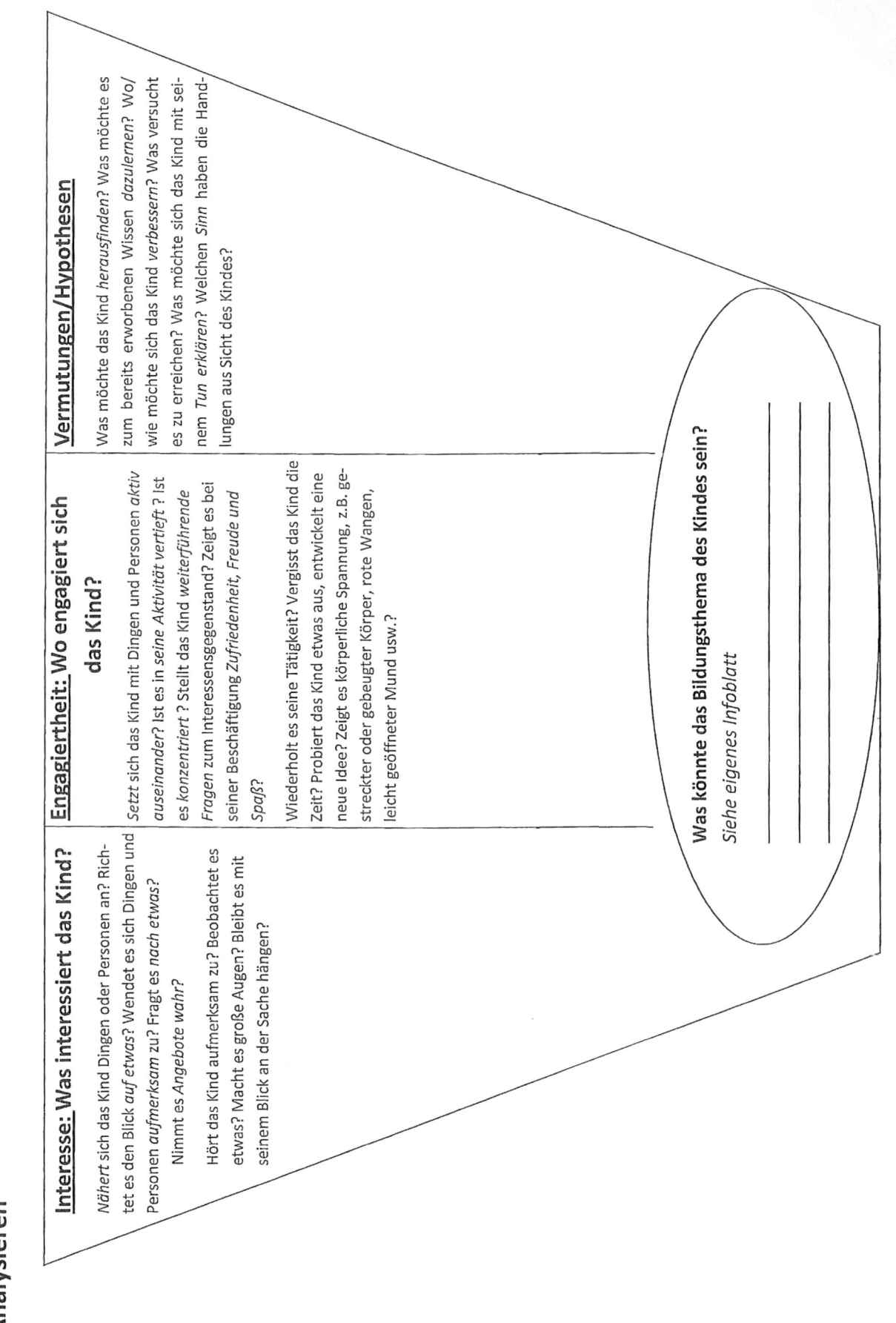

PLANUNGSKREISLAUF
Seite 2

Schritt 1:
Analysieren

Interesse: Was interessiert das Kind?

Nähert sich das Kind Dingen oder Personen an? Richtet es den Blick auf etwas? Wendet es sich Dingen und Personen aufmerksam zu? Fragt es nach etwas? Nimmt es Angebote wahr?

Hört das Kind aufmerksam zu? Beobachtet es etwas? Macht es große Augen? Bleibt es mit seinem Blick an der Sache hängen?

Engagiertheit: Wo engagiert sich das Kind?

Setzt sich das Kind mit Dingen und Personen aktiv auseinander? Ist es in seine Aktivität vertieft? Ist es konzentriert? Stellt das Kind weiterführende Fragen zum Interessensgegenstand? Zeigt es bei seiner Beschäftigung Zufriedenheit, Freude und Spaß?

Wiederholt es seine Tätigkeit? Vergisst das Kind die Zeit? Probiert das Kind etwas aus, entwickelt eine neue Idee? Zeigt es körperliche Spannung, z.B. gestreckter oder gebeugter Körper, rote Wangen, leicht geöffneter Mund usw.?

Vermutungen/Hypothesen

Was möchte das Kind *herausfinden*? Was möchte es zum bereits erworbenen Wissen *dazulernen*? Wo/wie möchte sich das Kind *verbessern*? Was versucht es zu erreichen? Was möchte sich das Kind mit seinem *Tun erklären*? Welchen *Sinn* haben die Handlungen aus Sicht des Kindes?

Was könnte das Bildungsthema des Kindes sein?
Siehe eigenes Infoblatt

_____
_____
_____

© Cornelsen Verlag GmbH, Berlin 2016; Grießmair, Bernadette: Bildungsangebote gestalten mit dem Planungskreislauf, 978-3-589-15013-7

Planungskreislauf
Seite 3

Schritt 2:
Konzipieren

Mögliches Bildungsthema des Kindes:
Vernetzung mit den RRL

In welcher Vision finde ich das Bildungsthema des Kindes

Mit welchem Bildungsfeld verknüpfe ich das Bildungsthema?

Bildungsziel

Schritt 3:
Operationalisieren

Voraussetzung für selbstorganisierte Lern, Spiel und Arbeitsaktivitäten Welche Herausforderungen oder Unterstützungen braucht das Kind? Wie sieht die Umsetzung konkret aus? Wer ist wie, wo, für was verantwortlich?	Aufbauend auf das Bildungsziel gestaltet die pädagogische Fachkraft strukturierte Lern-, Spiel- oder Arbeitsaktivitäten. Wie sieht die Umsetzung konkret aus? Wer ist wie, wo, für was verantwortlich?

Mögliche „Ansatzpunkte" zur Umsetzung des Bildungsthemas in die Praxis:

- Raum Innen /Außen
- Interessensgruppe
- Ressourcen Klein/Groß
- Material
- Umfeld

PLANUNGSKREISLAUF
Seite 4

Schritt 4: Evaluieren

An den Reaktionen der Kinder, pädagogischen Fachkräfte oder der Eltern (Fragen stellen, Wege der Problemlösung, Nutzung der selbstorganisierten oder strukturierten Lern-, Spiel- oder Arbeitsaktivitäten,...) kann die pädagogische Fachkraft erkennen, ob sie aufmerksam genug war, das aktuelle Bildungsthema des Kindes richtig zu interpretieren.

4.1. Habe ich das aktuelle Bildungsthema des Kindes erkannt?

☐ Ja

Woran erkenne ich das?

_____

_____

☐ Nein

Welche Schlüsse ziehe ich daraus? Was ist mir trotzdem gelungen? Wo werde ich zukünftig mehr darauf achten?

_____

_____

_____

4.2. Wo zeigt sich in der Dokumentation, dass das Kind die Spiel-, Lern- oder Arbeitsaktivitäten angenommen hat und in seinem aktuellem Bildungsthema weitergekommen ist?

_____

_____

_____

Mögliche Dokumentationsformen der Umsetzung des Bildungsthemas in die Praxis
– Portfolio
– Ich - Wand
– Aussagen des Kindes
– Fotos
– andere

SITUATIONSBEOBACHTUNG

Name des Kindes: _____

Was wurde beobachtet: _____

_____

Name der päd. FK: _____

Datum: _____

Zeit: _____

Beobachtungsbeschreibung:

_____
_____
_____
_____
_____
_____
_____
_____
_____
_____

Foto

STRUKTURIERTE MINDMAP

- Spielpartner
- Spielverhalten
- Verhalten zu sich selbst
- Ausdrucksweisen
- Umgang mit Herausforderungen
- Verhalten gg. anderen
- Verhalten in der Lerngemeinschaft
- Besondere Eigenschaften

NAME

PLANUNGSKREISLAUF
Ideensammlung

Name des Kindes: _____   Datum: _____

◎ _____

◎ _____

◎ _____

◎ _____

◎ _____

◎ _____

◎ _____

◎ _____

◎ _____

◎ _____

◎ _____

◎ _____

◎ _____

◎ _____

◎ _____

◎ _____

◎ _____

Literatur

Backerra, Hendrik / Malorny, Christian / Schwarz, Wolfgang (2007): Kreativitätstechniken: Kreative Prozesse anstoßen, Innovationen fördern. Carl Hanser: München

Buzan, Tony / Buzan, Barry (2002): Das Mind-Map-Buch. Die beste Methode zur Steigerung Ihres geistigen Potentials. MVG: München.

Csikszentmihalyi, Mihaly (2002): Flow – Das Geheimnis des Glücks. Klett-Cotta: Stuttgart.

Deutsches Schulamt, Kindergarteninspektorat (2008): Rahmenrichtlinien des Landes für die deutschsprachigen Kindergärten. Bozen, Südtirol.

Haug, Gabriele / Bensel, Joachim (2005): Kinder beobachten und ihre Entwicklung dokumentieren. In: Wissen kompakt spezial. Sonderheft Kindergarten heute. Herder: Freiburg im Breisgau.

Laewen, Hans-Joachim / Andres, Beate (2010): Forscher, Künstler, Konstrukteure. Cornelsen: Berlin.

Leu, Hans Rudolph / Flämig, Katja / Frankenstein, Yvonne / Koch, Sandra / Pack, Irene / Schneider, Kornelia / Schweiger, Martina (2012): Bildungs- und Lerngeschichten. Verlag das Netz: Weimar-Berlin.

Lindemann, Holger (2008): Systematisch beobachten – lösungsorientiert handeln. Ökotopia: Münster.

Oerter, Rolf / Montada, Leo (1995): Entwicklungspsychologie. Beltz: Landsberg.

Oerter, Rolf / Montada, Leo (2002): Entwicklungspsychologie. Beltz: Weinheim.

Strätz, Rainer / Demandewitz, Helga (2005): Beobachten und Dokumentieren in Tageseinrichtungen für Kinder. Beltz: Weinheim und Basel.

Zimbardo, Philipp (2003): Psychologie. Springer: Berlin.

Linktipp, Autoreninfo, Danksagung

Links

http://www.bildung.suedtirol.it/files/8813/7596/6021/rahmenrichtlinien_des_landes_fuer_deutschsprachige_kindergaerten.pdf

Autoreninfo

Bernadette Grießmair studierte Psychologie und arbeitete zeitgleich als Kindergärtnerin in verschiedenen Institutionen in Südtirol. Sie war von 2005–2014 als Projektbegleiterin im Kindergartensprengel Mühlbach/Südtirol tätig. Seit 2015 führt sie als Direktorin den Kindergartensprengel Brixen/Südtirol. Seminare und Vorträge für pädagogische Fachkräfte im Kindergarten und in der Schule. Bernadette Grießmair ist verheiratet und hat zwei Kinder.

Danksagung

Vielen Dank an den KG Natz und Kematen für die Unterstützung mit dem Bildmaterial und an Frau Marlene Jaeger für die fachliche Begleitung des Prozesses.

Lasst uns spielen!
Spielideen und -materialien selbermachen – so gelingt's

Marieke Göttlicher, Petra Römling-Irek
Ohne Spielzeug geht es auch!
Sinnvolle Spielmaterialien für die Kita entdecken und selber machen

Schaffen Sie Freiräume für Fantasie! Mit diesen einfachen, kostengünstigen und praxiserprobten Ideen für eine sinnvolle Material-Auswahl regen Sie die Experimentierfreude der Kinder an und fördern ihre ganzheitliche Entwicklung.
Eine Anleitung und Erfahrungsberichte ermutigen zudem zum Projekt „spielzeugfreie Zeit". Ein pädagogischer Beitrag zur sinnvollen Raumgestaltung, der Kreativität fördert und Kindern Spaß macht.

Marieke Göttlicher, Petra Römling-Irek
Ohne Spielzeug geht es auch!
Kartoniert, 96 Seiten
978-3-589-15011-3

Aus unserer neuen Reihe
So gelingt's
Der Kita-Ratgeber

Aktuelle Preise und weitere Informationen finden Sie in unserem Kita-Katalog sowie im Internet unter www.cornelsen.de/fruehe-kindheit

www.cornelsen.de/fruehe-kindheit

Cornelsen